藤川清美

ストン!

あなたの願いがかなう瞬間〈とき〉

風雲舎

新しい自分を探しているあなたへ

カバー装幀――川畑　博昭
カバー絵――川村　康一
写真――落合　淳一
本文イラスト――鹿渡いづみ
編集――田中　暁

《はじめに》

念じつづければ、願いはかなう

この本を手に取ってくださったあなた、「人生の楽しみ」とは何だと思いますか？

おいしいものを食べること？

いい人とめぐり会うこと？

いい服を着て、高級車に乗って、いい家に住むこと？

好きな時に海外旅行に出かけること？

高い学歴やスキルを身につけること？

私は、どれもこれも本当だと思います。

私自身がそういう夢をたくさん見ていましたから。

でも、本当の人生の楽しみは、それらを含めた「自己実現」だと思うようになりました。

小さな夢を持ち、それを一つ一つ実現させていくと、思いがけない自分を発見するからです。

「私にも、こんな可能性があったんだ」

「自分の能力って、こんなにあったんだ」

「希望すれば、どんなこともかなえられるんだ」

……私は今、そうはっきりと実感できるようになりました。

夢をかなえさせてくれたキーワードは、

「念じつづければ、願いはかなう」

というものです。

念じる、思う、信ずる、願望する……言葉は何でもいいのですが、人が何かを願う力はとてつもなく大きいということを、私は知りました。その力にお任せすることで、いろいろな自分の夢をかなえてきました。自分は、本当はすごい力を持っているのだということを確信したのです。

「念じつづければ、願いはかなう」と言ったら、あなたは信じますか?

私はいま55歳。３人の子供を持つ家庭の主婦で、自分で経営する有限会社の社長を兼ねています。この55年間、あるステージごとに、私は抱《いだ》いていた夢をほぼ満足できる形で実現させることができました。

私は幸か不幸か、とても貧しい環境で子供時代を過ごしました。悲しいこと、惨《みじ》めなことがあるたびに、それを乗りこえる夢を見ていました。貧しかった分、「将来の夢」をあれこれと思い描くことが、習慣になっていたのです。落ち込んだり、しょげたりすることがあっても、それを超える夢がありました。いつかはきっと、ああしたいこうなりたいと思いつづけたのです。

もちろん、最初はただの夢、ただの空想や夢想でした。

しかし、やがてその夢をはっきりさせ、具体的にイメージを描くことで、確かな目標となっていきました。夢が明確になるにつれ、夢を見る方法も変わりました。ぼんやり漠然と見ていた夢から、それを具体化したのです。

その夢を口に出し、紙やノートに書きつけ、頭の中で繰り返し念じました。あとで詳しく話しますが、私はその夢を自分の「潜在意識」にしっかりと植えつけたのです。するとある時点から、実現のスピードが速くなったのです。

それを教えてくれたのは、ある人との偶然の出会いでした。後に師匠と呼ぶようになるある方との出会いから、私は「潜在意識」や「共時性」の世界を知り、やがて、

「人生は自分の思いどおりになるんだ」

ということが、体験を通してわかったのです。

もしかしたらあなたは、

「学歴がないからロクな職につけない」

「貧乏だからしょうがない」

「才能がないから出世できない」

「何かをやろうと思っても、持続しない」

などと言いつづけていませんか。

もし、そんなふうに思いつづけているとしたら、そう思いつづけた結果として、今のあなたがあるのではないでしょうか。

「人生は、あなたが思ったとおり」

になっているのです。

貧乏だから、学歴がないから、才能がないから、自分にはどうせ無理さ、などと最初から諦めてしまわないで、「なりたい自分」をちょっとイメージしてほしいのです。ほんのちょっと自分と対話して、あなたの未来を描いてみてください。

「願いつづければ、夢はかなうんだ」

現状はどうであれ、自分がなりたい理想の姿を心に思い描き、それをちょっと念じつづければ、あなたはこれまでとは違ったあなたになれるはずです。

大して力もない私が、どうして「自己実現だ」なんて大仰なことを言えるようになったのか。

平凡な主婦からスタートして、なぜ自分で会社を経営する女社長になれたのか？

私は健康食品を売る仕事をしていますが、いわゆる営業努力はいっさいしていません。それにもかかわらず、なぜか業績が伸びました。夢の実現からいえば、まだまだ私は発展途上です。そしてこの先、まだ２８３個もの夢をかなえようと思っています。

でもね、私が努力をしたから今日をもたらした、などと言うつもりはありません。

私は、自分の成功を、努力の結果だとは思っていないのです。

「努力」や「勤勉」や「苦労」のことを申し上げるつもりではないのです。

自分の努力の結果でないならば、いったい何なのでしょうか？

それは、高望みと思えるような夢でも諦めずに、潜在意識の力に〝お任せ〟したのです。

心をいっぱいに膨《ふく》らませ、潜在意識にお任せすれば、夢はかなう……。

「念じつづければ、願いはかなう」……それが私の得た結論でした。

この本は、かなえたい夢がある人、または、どうせかなわないと夢を諦めてしまっている人、自分の未来について悩んでいる人に、私の小さな経験をお伝えしたいと思って書きました。このことを知ってほしいという私の思いが、ちゃんとあなたに伝わることを念じて書きました。お役に立てたら、とても嬉しいと思います。

藤川　清美

２００５年４月

ストン！《目次》

《第1章》

夢を見ていた少女……恩師との出会い

▨貧しかった少女のころ

私の少女時代は、いま思えば、とても貧しいものでした。母は、今風にいえばシングルマザーというのでしょうか、私が10歳の時にお嫁に行ってしまいました。そのため、祖母が一人で私を育ててくれたのです。

私が育った家は、川越市が昔の兵舎を改造してつなぎ合わせた、8畳一間の長屋住宅でした。家賃は月々180円。お便所や炊事場は近所の方々と共同の質素なもの。お風呂は、祖母の知り合いの家にもらい湯に行きました。周りの家は、みんな内職をしていました。家族じゅうでニコニコ笑いながら仕事に精を出していて、小学生の私は、窓からのぞきこんではその情景をうらやましいなあと思っていました。

隣近所がこんな暮らしだったので、惨めで大変だなどとは思いませんでした。私は一人っ子だったので、いつも猫の「コゾ」と祖母の帰りを待っていたのです。ときどき、悲しかったり寂しかったりして泣きべそをかいていると、コゾが、私の心の内をわかるかのように、ザラザラの舌で私の涙をぬぐってくれました。

小学校4年生になって、近くの食料品店の店番に行きました。あのころの味噌しょうゆの単位は、匁《もんめ》です。私には量ることができません。お店にお客さんが来ると、奥さんに知らせる役、それと台所の茶わん洗いです。いま思うと、まるで番犬のような役でした。

寒い冬になると、手にひびわれができてずきずき痛みました。それでも夕食のおかずの一品と、30円をもらって帰ることに満足感を覚えていました。

祖母が、

「ご馳走《ちそう》だねえ、清美《きよみ》のおかげでハイカラなものが食べられるねえ」

と誉《ほ》めてくれるのが嬉しくて、学校から帰るとお店に働きに行くのが楽しみだったのです。

小学校の高学年になると、家にはお金がなくて大変なんだということが、うすうすわかってきました。友達の家に遊びに行くと、家の中から外までまるで違うのです。そうして学年が上がってくると、自分の環境が見えてきました。

貧しさです。

貧しさは、いつも惨めさを伴っていました。

学校の友達が習っていたピアノを、

「私も、ピアノを習いたい」とせがんでも、

「家には、ピアノを習うお金なんかないんだよ」

と言われ、じっと我慢していました。

川越市に少年少女合唱団ができた時も、ベレー帽つきの制服が買えず、私は歌うのがうま

かったのですが諦めざるをえませんでした。そういうことがだんだん増えていきました。

そんな時には、私はいつも猫のコゾを抱きしめていました。

私がまだ小さかったころ、せめて寂しさをまぎらわせてやろうと祖母が飼ってくれていたのです。コゾは、私が心を許すことができる友達でした。悲しさをコゾに打ち明け、ひととおりぐちをこぼしたあとで、コゾから勇気をもらいました。

うんとつらい時には、「なんでこんなに貧しい環境なんだろう」と考えました。

ある日、空をぼんやり見ていると、

「幸福って、地球儀と同じじゃないかしら。神様は一人一人に、地球儀と同じ大きさの幸福をくれている。でもね、いま貧しければ、将来、きっと幸福が返ってくる」

と思いつきました。地球は回っているから、お日様が当たっているところもやがて暗くなる。そして、いま暗いところも日が当たるようになれば、明るくなる。人生も、これと同じなのかな……？

「ま、いいさ、小さいころ苦労した人は、将来、きっと幸福がたくさんめぐってくる……」

そんなふうに自分を勇気づけ、苦しさから逃れていたのです。

私が幸運だったのは、貧乏だったけれど、すばらしい祖母に育てられたことです。

祖母は、私の「夢見る力」を摘まずに、のびのび育ててくれました。

「おまえは、この界隈《かいわい》じゃいちばんの美人だよ」

「おまえのお父さんはとても頭のいい人だったから、おまえも頭がいいんだよ」

と、まだ見ぬ父のことも一緒に誉めてくれました。

貧乏だからといって、変にいじけたり夢をつぶすことなく育ってこられたのは、あの祖母のおかげです。ですから私は、祖母に育てられた少女時代を不幸だと思ったことはありません。祖母は、今こうして思い返しても、かしこくすばらしい人でした。

65歳ごろの祖母。私はまだ5歳。

祖母はまた信心深い人で、よく神棚に向かって拝んでいました。そして練炭火鉢に鍋をのせ、葛湯《くずゆ》をかき混ぜながら、

「毎日、神棚をきれいに拭いてお掃除をしていれば、いいことがあるんだよ」

とつぶやいていました。困ったことがあると、「神様……」と言って、毎日お仏壇を拝んでいました。私も一緒に拝んだり、掃除を手伝いました。

冬の寒い間は大変です。朝参拝といって朝の6時に家から1時間も歩いて、祖母の通っていたお寺にお参りするのです。祖母に言われるまま、学校に行く前にお寺に寄って朝ごはんをもらうのです。近所の子供達も、宗派に関係なく一団となってお参りしました。それは、一食分の食費がトクすることでした。祖母もそれを喜んでいたので、家計の足しになるのだと私も子供心に思っていたのです。

こうして祖母のおかげで、私はひねくれたり、ぐれたりせずに育ちました。

中学2年生のひらめき

私は父の顔を知らずに育ちました。

だから、

「大人になったら、絶対にお父さんに会いに行く」

と、固く決めていました。まだ見ぬ父は幼い私の中で、〃あこがれの人〃となっていたのです。父に会った時に恥ずかしくないように、頭の悪い子だと思われないように、貧乏のままではなく立派になっていたい……私は、不良なんかになっている暇はありませんでした。

中学2年生のころです。

別のところに住んでいた戸籍上の父親は、

「高校なんかに行ってはいかん」

「学歴があると生意気になるから」

というのが口癖でした。私は高校に進学し、将来、医者か弁護士になりたいのに、高校なんて論外だというのです。義父が本当の父親ではないことを私はすでに知っていましたが、これには逆らえません。

「どうしても行きたいのなら、川越女子高校か浦和一女なら許す」

「ほかなら、行く必要はない」

と言うのです。この2校は、県下でも一、二を争う名門女子高校です。義父の考えでは、私なんかたぶんその二つの高校には受かりっこないと思っていたのでしょう。

そのときなぜか私は、

「私は川越女子高に行く」

と決心したのでした。滑り止めはなし、一本だけ受験を許すと言われました。

しかしそう決心しても、成績がそこまで至っていないのです。私の中学から川越女子高に進むには、クラスで一番かせめてトップクラスでないと、まず無理です。こんな時、私の本当の父だったら好きなところを受験させてくれるだろうなと、心の隅っこで思い、泣いていました。

暑い夏のころでした。なにかがピッとひらめきました。

「そうだ、中学1年生から中学3年生までの内容を、ぜんぶマスターしてしまえばいいんだ。簡単じゃないの！」

中2のこの瞬間から、私は、猛烈に勉強しました。

何をしたかというと、教科書ぜんぶを丸暗記したのです。その間、部屋じゅうに公式や定理を模造紙に書いて貼り、廊下やトイレにまで、歴史の年代を書き、知らない単語をカードに書きだしていたるところにつるしました。祖母と二人きりの暮らしです、どこに何を貼ろうと、なんでも許されたのです。とはいっても、わからないところは近所の塾の先生に聞きに行きました。

こうして3年生になると、私の成績はぐんぐん伸び、名門高校を受験できる資格を得ました。トップクラス入りしていたのです。

不思議な展覧会の絵

中学3年生の夏休みに、絵を描く宿題が出ました。2枚描かなければなりません。私は、絵を描くのが好きでしたが、何を題材にするのか、決まりませんでした。ある暑い日、あぜ道をふらふら歩いていると、燃えるような夏の太陽が目に入りました。

「そうだ、太陽を描こう！」

真っ赤な太陽を、一気に描き上げました。あれは、（自分でも）何度眺めても感心するような絵でした。

夏休み後、作品展がありました。私の太陽の絵は、みごと特選でした。金賞のもう一つ上のランクです。もう1枚のお寺の絵も金賞をもらいました。作品展のあとで、太陽の絵が廊下に貼り出されると、男子生徒の一人が、

「おまえ、古川先生の展覧会を見に行ってマネしたんだろう」

とヤジを飛ばしてきました。聞くところによると、図工の古川先生がデパートで、「太陽」という展覧会をしていたそうです。私がその作品をマネしたのだろうというのです。

「へえ、そんな偶然があるのかしら、不思議ねえー」と私は心の中でつぶやいていました。しかしマネだなんて、とんでもない！　私には、デパートだとか展覧会なんて、まったく無縁な世界でした。私は、燃えるような真っ赤な太陽が目に入ってきた、だからそれを描いた……同じような太陽の絵を、同じ時期に図工の先生も描いていらした。後になって、シンクロニシティ（共時性）という現象を学ぶことになるのですが、あのころは、ただ不思議な偶然の一致だと思っていました。

あの絵は、イヤな男子生徒に、壁に貼られたままナイフで切られてしまいました。今では悔しい思い出です。

私に絵が好きになるきっかけを作ってくださったのは、近くの塾の尾崎先生でした。高校進学を目指して教科書を丸暗記したときに、わからないところを教えていただいた先生です。尾崎先生は市役所勤めの傍《かたわ》ら、塾を開いていたのです。遊びに行くと描きかけの油絵があり、その油絵をじっと見ていた時、水彩絵具で、油絵タッチを描く技法を思いつきました。これがとてもすてきに描けるのです。この発見から、私は絵を描くことが面白くなったのです。それが縁で、小さな子供たちの絵の宿題を見ることになり、お小遣いももらいました。あれは心が弾むような楽しいアルバイトでした。あれから40年ほど過ぎましたが、尾崎先生のことはずっと気になっていたのです。昨年秋に川越で私たちのアトリエ展を開いたのですが、会場にいらしたお客さんが市役所勤務の方とわかり、

「尾崎さんという方をご存じですか。絵を趣味で描かれる方で……」とお尋ねすると、尾崎先生の住所と電話番号を教えていただきました。電話を差し上げると、40年ぶりの甘い声の尾崎先生でした。

就職、そして結婚

私は運よく、川越女子高校に入学することができました。

「将来は、医者か弁護士になりたい」

と思い、できたら法学部に進学したかったのです。しかし、大学に行けるような余裕はないことがはっきりわかりました。そんなお金はないんだよと言われ、ひどくがっくりしたことを覚えています。高校2年から進学組に入っていたせいか、クラスのほとんどが進学。私のクラスから、就職組は11人しかいません。大学進学を許されなかった私は、泣く泣く日本橋の高島屋へ就職しました。

就職してからも私は、自分の未来のために仕事帰りに英会話学校へ通ったりして、なんとかして大学に行ったみんなと同じぐらい勉強したいと思いつづけていました。

そのころ、40歳までにかなえたい夢が23個もありました。大学に行かなくてもぜったいかなえてみせると固く決心していたのです。

あとになって、「潜在意識」についての知識を得て、自分の願いをリストアップするのがよいということを知ったのですが、当時はまったくそんなことは知りません。ただ自分の理想を挙げ連らね、空想の世界に遊んでいたのでした。

そのころの〝かなえたい夢〟は、

☆40歳で、父と対面する

☆自分で独立して収入を得る女社長になる

☆大学生活を味わう

☆自分の都合を聞いてくれる夫を持つ
☆30歳までに子供を幼稚園に入れ、自分の好きなことに専念する

などでした。

とにかく大学に行けなくても、大学へ行った友達と同等のチャンスをつかみたかったのです。大卒者と同じような夢をかなえようと、そればかりを考えていました。

ちょっと振り返ると、もし私が小さいころから欲しいものが手に入る生活をしていたら、

「成功したい!」

という気持ちを持続することはなかったかもしれません。私は、

「お金がないからダメ」

と言われるたび、そのショックを受ける以上に強く未来を夢見てきました。いつか、きっと……と。

もしあのころ、級友たちと同じようにピアノを習い、バレーの稽古をし、テニスもするという生活が許されていたなら、これでいいやとのんびりした人生を送っていたかもしれません。少女時代、とても貧しかったという事実は、あれはあれで私にとっては必然だったという気がするのです。

▨結婚の条件

ちなみに結婚相手についても、「理想の条件」をリストアップしていたおかげで、私は20歳の時、そのとおりの男性と結婚することができました。

私の理想の条件というのは、

☆私より背が高い

☆ケチな人はダメ

☆サラリーマンで技術者

☆私の仕事や、やりたいことを応援してくれる

☆旅行に行くことや、何でも好きなことをやらせてくれる

などなど、好き勝手なことを書いていました。

ところが、まさにそのとおりの人と結婚することになったのです。

夫は結婚して35年経《た》った今でも、私の仕事、趣味、やりたいことに反対したことはなく、常に私の応援団になってくれています。夫は、ある自動車メーカーに勤める技術者。私より8歳年上で、高校時代から顔なじみの近所に住む〝お兄ちゃん〟のような男性でした。苦手な理数系科目の勉強を教えてもらったり、勉強以外にもいろいろと相談に乗ってもらいまし

た。

結婚した当初から、夫の収入だけで生活していくのには困りませんでしたが、主人は私が仕事をすることを応援してくれました。そのかわり、一つだけ、

「あなたの能力を磨ける仕事なら、仕事に就《つ》いてもいい。人に与えられ、使われるだけの仕事はするな」

と注文をつけられました。

社会に出て2年後、20歳で結婚退社。3人の子供を出産。

子育てをしながら、その合間にもずっと仕事を続けていました。

趣味の編み物や手芸を活《い》かし、リボンフラワーや洋裁、染め物、籐《とう》かごなどの手作り品をデパートに持ち込み、それで収入を得ました。それというのも、私にはどうしても捨てきれない夢があったからです。

大学で学ぶこと。

これはどうしても諦める気にはなりません。

そのために、手作り品の販売はもちろん、手芸教室、新聞配達、近所の中学生の家庭教師、国勢調査員、選挙カーのウグイス嬢など、ありとあらゆるアルバイトをしていました。学費を捻出するためです。

こうしてやっと27歳になってやっと、玉川大学通信課程に入学し、念願の勉強を始めたのです。

夫は学費くらいは出すよと言ってくれましたが、私は、自分の稼いだお金で、私の願いを達成したかったのです。ですから、やっと思いに届いた時には、本当に嬉しかった。もう何ものにも替え難いほどでした。こうして私の夢は、10年越しでかなえられたのです。

歩かされていた道

夢が実ったころ、もう一つ、人生が一変するような出来事が私を待っていました。

その出会いはまったくの偶然でした。偶然と偶然が重なって、そのうち一つでも欠けたらこの出会いはなかった、そうしたら今の私も存在しない……そんなすごい出会いでした。

あれは、幼い時からのさまざまな体験が私を成長させ、その人のところへ至る道を〝歩かされていた〟のです。まるで神様が私の前に黄金《ゴールデン》の道《ロード》を造ってくれたのだと思います。あれ以来今日まで、私が人生の師として尊敬している方との出会いです。

あれは初めてわが家を買った時のことです。

その時からすでに、その〝道しるべ〟をたどっていました。

結婚して数年経ち、川越の借家に住んでいた私たち一家は、いつも、

「自分の家が欲しいね」

と話していました。

ですから、毎週日曜日に入ってくる新聞の折り込みの不動産広告を、丹念にチェックしていました。

ある日、「川角《かわかど》」という土地の団地分譲のチラシが入ってきました。川角といえば、私の祖母の生まれた里だと聞かされていたので、聞き覚えのある懐かしい地名です。しかし、現在住んでいる川越よりも、さらに都心から離れるのです。

「遠いよね」

の一言で、そのチラシを捨てました。

しかしその後、またまた「川角」のチラシが入りました。2回目です。その時は、前回よりもっと真剣に家を探していたので、

「一度見るだけは見てみようよ」

と、ひやかし半分本気半分で見に行きました。

実際に見てみると、思いのほかいい団地が造られています。分譲地は初めてですが、夫も私も気に入り、結局、その「川角」の土地56坪の物件を購入することになりました。

当時はまだ手持ち資金が不足していたのですが、折しも八十二銀行の支店が川越に新設さ

れ、新規で取引をする人を探していたので、お金の工面もスムーズにできたのです。

こうして私たちは川越から川角へ引っ越しました。


新居に住みはじめてあるよいお天気の日です。洗濯物を干しに庭に出ていったところ、隣の家の奥さんが出ていらして、

「藤川さん、今日、私の家でホームパーティーも兼ねて化粧品販売の人が来るんだけど、来てくれないかしら？」

とのお誘いです。

正直いって私は化粧品にはまったく興味がなかったのですが、

「人が集まらなくて困っているの……買わなくていいから、とにかく参加してくれるだけでいいのよ」

と言うのです。仕方なく、私は、

「うん、いいわよ」

と返事をしました。「うん、いいわよ」の一言が私の人生を大きく変えたのです。

行ってみると、その奥さん、化粧品販売員の方、そして深緑色のベッチンのワンピースを着たご婦人の３人が座っていました。なるほど私以外のお客は深緑色さん一人しかいません。

私は前から深緑色のベッチンがとても好きだったので、なんてすてきな人だろうと化粧品よりもそのご婦人に興味を覚えました。もちろん初対面です。お互い自己紹介をしてみると、偶然にもその深緑色さんの次男と私の次女が同い年ということがわかり、話が弾みました。近所に住む酒井茂代さんという主婦の方でした。

そして、私が自宅でリボンフラワーを教えていることをお話しすると、次の日から彼女が毎日のように習いに来るようになったのです。

「誰でも成功できる」とあった一冊の本

酒井茂代さんのご主人は、酒井満さんといい、ヨガの先生でした。

当時、私はギックリ腰に悩んでいて、上を向いて寝られないほどでした。茂代さんは私にヨガを習うことを勧めてくれました。そんなことで、今度は私が茂代さんのお宅へ頻繁《ひんぱん》に出かけるようになりました。

ヨガは、私にはよく効きました。

そのおかげで1年後にはすっかり腰痛が治っていました。ヨガが気に入った私は、公民館の図書室を借りて、酒井先生にヨガ教室を開いてもらい、友達を誘って先生の指導を受けるようになりました。

そんなある日、酒井先生のお宅に遊びに行って、私の人生を変える一冊の本に出会ったのです。

それは『成功の魔術』（ジャック・フォーラー著　桑名一央・藤原一郎訳　産業能率短期大学出版部）というタイトルの本でした。階段下の暗いところに置かれた酒井先生の本棚で見つけました。

私は幼いころからいつも成功したいと思っていたので、「成功」とか「サクセス」という文字に敏感でした。成功しなければ、立派になれない。立派になれなければ父に会えない……いつもそんなふうに思っていたのです。

『成功の魔術』？

私は「成功」という二文字に興味をひかれ、その本を手に取ったのです。そのころの私は子育てや自分の大学の学費の支払いで、本を買うほど自由になるお金がなく、いつも酒井さんのお宅に行っては、先生の豊富な蔵書の中から本をお借りするのが楽しみでした。

お借りしていった晩に興奮して、私はその本を一気に3回読みました。

夢中になって読んだのは、

「人間、誰でも成功できる」

とあったからです。

こんなことが書いてありました。

「心を開き、偏見なしにこの本を読めば、あなたは、思いも及ばなかった成功を手に入れられるだろう」

「意志力とか、幸運とか、教育とか、努力とか、人の情とか、そういうものに関係なく、成功できる」

「あなたが失敗するのは、意志力とか教育とか才能が欠けているせいではなく、ただあなたが、自分の力……あなたが生まれ落ちたときから持っている力を、知らないで過ごしてきたせいである」

「あなたの想像力は、非常に強力なのだ」

「あなたの演技力は、非常に大きな力を持っている」

なかでも、私が心底しびれたのは、

「科学がそれを証明している」

というところでした。

こんな文章が並んでいたのです。

「失敗と成功の間にある決定的な要因は、〝幸運の女神〟の気まぐれなどとは違った、もっと明白な、形のあるものだ」

「科学は、誰でも、いつも用いているよりもっと大きな才能を持っていることを、はっきり証明している」

「われわれが手にする成功は、われわれがどれだけ多くの才能を持っているかによって決定するのではなく、むしろ、われわれがその才能をどれだけ多く用いているかによって決定するのだ」


なんという言葉でしょう！

私は体全体が、ブルブルと震えるほどの衝撃を感じました。

今日では、潜在意識や共時性（シンクロニシティ）についての本はたくさん出版されていますが、当時はまだまったく話題になっておらず、書籍もあまり出ていませんでした。

それが、私が「潜在意識」という不思議な世界に触れた最初でした。

読んだ翌日、またすぐに酒井先生に会いに行きました。本の中のキーワードとなっていた「潜在意識」について、それがどうして「誰でも成功できる」ことに結びつくのか、もっと詳しく知りたかったのです。

「先生、潜在意識の使い方を、私に教えてもらえませんか？」

と必死で頼みました。

恩師の出現

酒井先生は、今では「酒井塾」という潜在意識の勉強会を開いていますが、当時はまだヨガ道場を主宰しているだけでした。潜在意識については、それこそ山ほども書物を読みこなし、それを個人的に実践しているご様子でした。

先生はその後、「潜在意識」と「共時性」の考え方で、FLP（Forever Living Products）というネットワークビジネスの仕事に取り組み、億を超す年収を得て大成功され、この世界のナンバーワンになりました。この企業の総売上げは1000億円ほどですが、日本でのそれは550億。だから先生は、世界でも一番中の一番という現役プレーヤーです。

先生は、理論家で学者肌とでもいうのでしょうか、日向《ひなた》ぼっこをしながらいつも何かを考えていて、ものごとの行く先をじっと見据えているような方です。

偉ぶらないのですが、ちょっと気難しい方です。

私は勇気を出して、潜在意識についてもっと詳しく教えてくださいとお願いしました。

「先生、念じつづければ、願いはかなうんですか？」

と、本に書いてあった潜在意識についてお尋ねすると、
先生は、

「自分の願いを、紙に書いてごらん」

「死ぬまでに自分がやりたいと思うことを、ノートに書いてみなさい」

とおっしゃるのです。

自分の望みを紙やノートに何度も書くこと。

人の心の奥底には「潜在意識」という部分があって、そこに願いを念じれば、その人の願いや夢はなんでもかなうこと。そのためには、その願いをなんべんも口に出し、唱え、紙やノートに書き、念じつづけること。

だからまずは、自分の望みを、ありったけ紙に書き出してみなさい……そういうお話です。

ふーん、潜在意識？　念じる？　願いはなんでもかなう？

不思議な話ですが、なぜか私は、胸がドキドキしました。

「これは、私がずっと求めていたものではないかしら……」

求めていたものに、やっと出会ったような気がしたのです。

このとき以来、酒井先生は、生涯を通じてただ一人の恩師となりました。私は脇目もふらずついて行きました。恩師はあれ以来ずっと弟子のそばにいて、必要な時にはいつでも、必

要なアドバイスをしてくれることになるのです。

家に帰り、早速、願いを書いてみました。

あれもこれもいっぱいありました。

しばらくその願いを見ていくと、あることに気がつきました。

「たくさんのお金がなければ……」

その願いのほとんどは、それを実現させるためにはお金が必要なことばかりでした。将来、お金がもっと私の手に入らなければ、これらの夢はかないそうにありません。やっぱりお金か。成功して、立派になるには、やっぱりお金がいるのか。

しかし、そこで諦めるのならば、本当の夢ではないのかもしれない……。

だから私の気持ちは、

「お金がないという理由で、私の夢を制限されたくない！」

と、ずっと思いつづけてきた思いが、さらに強く、こみあげてきました。

「よし、やってみよう」

と決心したのです。27歳でした。

《第2章》

潜在意識のスタート

月収１００万円の仕事をください

それからの私は毎日の暮らしの中で、自分の望みをノートに書き、本気で実験を次々にやってみました。

子供が早く寝ますように。

夫が昇格してボーナスが上がりますように。

夫が遅く帰ってきますように（大学の勉強をする時間が欲しかったので）。

明日晴れますように（新聞配達をしていたので）。

自分に都合のいい「お願い」ばかりです。

１００円で買った大学ノートにその願いを書き込んだり、紙に書いたものを、何度も何度も声に出して、潜在意識の実験にトライしたのです。

すると奇妙なことに、何かが変わってきました。日ごろ思っていることが、いつの間にかすべてかなっていました。

こうして私の生活の場は、〝願いをかなえる力〟を試す実験場となりました。私的な実験を面白がって、10年ほどが過ぎました。

36歳のとき、またもや人生の転機を迎えました。

恩師の酒井先生が、一緒に仕事をしない？　と誘ってくださったのです。勧めていただいたのは、「アロエベラ」という健康食品の営業の仕事です。

正直なところ、初めはあまり乗り気ではありませんでした。べつだん生活に困っているわけではないので、今さら人に頭を下げてモノを売る仕事などしなくてもいいのではないかという躊躇《ちゅうちょ》がありました。しかし、酒井先生は、「願えばかなう」という潜在意識を教えてくださった恩人です。それに、そのころの酒井先生の成功ぶりには目を見貼るものがあったので、心が揺れました。

先生はこの時、その仕事で大きな成功を収めていました。私は酒井先生にその給与明細を見せてもらいました。すると通帳には、びっくりするほどの金額が並んでいるのです。

ちょうど、私の通信制大学の勉強が修了したころでした。

「40歳までに、自分で事業を興し、夢を全部かなえる」と決心していた私は、大学での勉強がやっと終わって、40歳まであと4年しかないことに気がついたのです。一時は、卒業後は小学校の教員になろうと思っていました。

「やっぱり教育が原点ね……」

なんて漠然と考えていたのです。しかし、埼玉県の教職員の年齢制限は35歳だから無理、東京都は39歳までですが、３人の子供をどこかに預け40人の子供を教えるというのも、なにかヘンです。

一方、夢も確実に膨らんでいました。

その夢を全部かなえるには、

「月収100万円くらいの収入がなければムリだ」

とも感じていたのです。

外国に土地を買い、年間の半分を海外で暮らしたい……。

1軒まるごと、自分の趣味を思いっきりかなえる館《ハウス》を持ちたい……。

そんな自由奔放な「夢」が23個も、ずらりとリストアップされていたのです。

たしかに自分で稼がなくても、夫の収入で生活にはまったく困りません。家も買えた、みんな元気……十分に幸せでした。ただ、悲しいことに、それだけなのです。その日、その月だけの幸せ。それでは、私の夢をかなえるだけのゆとりはない。これは大変だと気がついたのです。

そこから私は、

「月収100万円稼げる仕事を与えてください」

と、毎日真剣に書きつづけ、願いはじめていました。

するとどうでしょう、酒井先生が、

「４カ月目で月収１３６万円もらったよ」

と嬉しそうにボーナス袋を持って、またまた姿を見せてくださいました。

「もしかしたらこれが、私の人生を変える月収１００万円の仕事かしら？」

先生には一度やりませんとお断りしたこともあり、声に出して、「やります」と簡単には言えませんでした。しかし私の頭の中では、グルグルと〝月収１００万円〟が回り出したのです。

「もしかしたら……？」

と悩んだ末に、よし、私はぜったいこれで成功すると決めました。

それまでやっていたアルバイトや手作り品の販売やヨガ教室などをすべてやめ、この仕事一本にじっくり腰を据えてやってみようと決心したのです。もちろん成功の確信なんてありません。

目標突破

初めは右も左もわかりません。

肝心の商品も、初めて飲んだ時には私の口に合わず、こんなものが売れるのかしらと半信半疑でした。しかし、健康ブームが追い風となってか周りの評判はいいのです。お客さんたちの好感に支えられ、やがて収入も少しずつ増えてきました。

私自身ヨガを習い、また人にも教えていた経験から、健康についての問題意識は高まっていました。ヨガはたしかに健康にいいのですが、もちろんオールマイティーというものではなく、たとえば高血圧や内臓疾患のある人がヨガだけで病気を治すことはできません。限界も感じていたのです。そこへ、この健康食品で血圧が正常になったとか、血糖値が下がったとか、親戚のおばさんが言いはじめました。

「どうしてだろう、たかがジュースで？」

と不思議に思っていると、「分子矯正医学」という学校の通信教育のニュースが入ってきました。私は急遽《きゅうきょ》そこに通い、健康相談員の資格（民間資格）を取得しました。分子矯正医学というのは簡単にいうと、人間が常に健康であるために、アミノ酸、ビタミン、ミネラル類など46種類の必須栄養素を、自然の素材から摂取するという栄養素療法です。この学習を終えてみると、商品への確信が生まれ、理論的にも納得することができたのです。

ビジネスは、途中で挫折しそうになったことも再三ありました。しかし、とにかく3年間はやってみようと決めてからのスタートでしたから、途中で投げ出すことはできません。

未来を見つづけ、書き、口で唱え、潜在意識を頼りに、我ながら本当に一生懸命がんばりました。そんな具合で3年間、過ぎました。

初めてやっと月収１００万円の目標を上回る収入がやってきました。スタートして1年7カ月で、目標に到着したのです。あの時の１１７万円という数字は、忘れることができません。

「あ、いける！」

と思ったのです。

潜在意識に花でも咲いたようなワクワクする毎日でした。だんだん月収が確実に１００万を超えるようになり、これなら大丈夫だと思い、私は大決心をして自分の費用で長男をアメリカに留学させたのです。収入はその後、倍々のペースで増えました。

アクティブ25ライン

私が始めた仕事には、商品を販売する人のラインを広げると収入が増えるルールがあります。

そのラインを広げ、同時に、ラインのみんなに生き生きと活動してもらわなければなりません。そのメドが、25列のラインアクティブです。これを達成すると収入に大きく反映するのです。誰もが目指す大きな目標の一つが、この25のラインアクティブでした。

ある日、友人と「ランナーのお店」に行きました。いつも店長が走っているリサイクル屋さんで、ニックネームを、「ランナー」と私が勝手につけたのです。

もう精算も終わって帰ろうとしたら、なぜか棚の上のほうに何かを感じるのです。ふと見上げると、赤く細長い箱が置いてあります。なんだろう？

1、2、3本……25本ありました。

数字が貼ってある25周年用のウェディング・キャンドルです。私は、どうしたらラインアクティブがうまくいくかそのことをずっと考えこんでいて、何か目に見える具体的な目標はないかなと、日頃から探していたのです。

「あっ、これだ！」

と思い、すぐに買いました。

思いが形になる……それは、こういうことなんだなと思いました。

ウェディング・キャンドルがいらなくなった誰かさん、ありがとう。おかげさまで、私は25人のお客を集めるというハードルを目標に、いまでも見つづけています。

おめでとう、夫のアメリカ単身赴任

ある日、夫の会社の社内事情を耳にしました。

優秀な技術者はアメリカ勤務になるといううわさです。夫も立派な技術者です。ぜひアメリカ勤務を経験して、昇進してほしいと思いました。

それから毎日、私は「アメリカ単身赴任、おめでとう」と書きつづけました。

1年くらい経ったころ、夫が、

「ちょっと、話があるんだけどそこに座って」

と、真剣な顔で言うのです。

聞けば、なんと副社長としてアメリカ赴任が決まったとのこと。急な話です。

「子供たち3人は、日本の高校を卒業させたいから、それまでは子供たちのことを頼む」

と、夫は心配そうな顔。

私は内心、

「ヤッター！」

と叫んでいたのですが、

「そう、困ったわねえ。私、一人で育てられるかしら」

などと不安気な顔をしてみせました。私の思いどおりに、

「思いつづければ必ずかなうんだね」

の体験でした。

あれからもう15年以上も経ち、時効だから書きました。

▨子供たちの「アメリカ留学」が励みに

ビジネスが軌道に乗っていちばんよかったことは、わが家の3人の子供たちを、私の働いたお金でアメリカ留学させたことです。

夫が仕事の関係でアメリカへ単身赴任していた期間が長かったので、子供たちも何度か遊びに行くうちに、

「アメリカの大学へ進学したい」

と言いだしたのです。しかし、夫の収入だけでは、3人とも留学させることはさすがに難しいのです。だからといって、誰か一人だけというのも気が進みません。大学へ進学したくてもできなかった時の惨めな気分が蘇《よみがえ》りました。3人とも平等にアメリカ留学をさせてあげたい。自分が味わったつらさを、子供たちには与えたくない。

「子供たちの留学費用は、私が捻出します」

と私は心に誓いました。

子供たちの願いは、そのまま私の夢となりました。

その思いが、自分の仕事への大きなモチベーションになり、仕事の成果も上がりました。

そして、晴れて子供たち全員をアメリカ留学させてみると、その達成感はなんとも爽快で

す。送金は大変なのですが、心の中はバラ色でした。この気分が、その後もずっと私の心の支えとなりました。

▨長男の高校受験

長男が高校受験をしたときのことです。

長男の宗幸《ひろゆき》は、勉強が大嫌い。でも、子供のころから虫や魚が大好きでした。

そのせいか、虫や魚のことにはとても詳しく、将来は魚の研究がしたいというのが彼の夢でした。しかし、偏差値がそのレベルに達していないので、目指す学校の受験もさせてもらえません。長男の学力では、目当ての高校ははるか上位のレベルですから、先生の判断は、

「本人の偏差値からすると、いちばん下かせいぜい二番目ぐらいの高校だな」

というものです。

宗幸は生意気にも、

「ほかの学校なら、僕は行かない」

と言いはり、

「ぜったい、聖望《せいぼう》学園以外はいやだ」

と、聞きません。

なぜそんなに聖望学園にこだわるのかと聞くと、聖望学園から東海大へ行って魚の研究がしたいというのです。その高校へ行かないと「自分の未来が失われてしまう」とさえ言いました。

私は、せめて高校までは出てほしかったので、思わず、

「お母さんに任せなさい」

と、力強く言ってしまいました。

さて、それからは、私の潜在意識の出番です。

「宗幸、聖望学園高校入学おめでとう」

「宗幸、聖望学園高校入学おめでとう」

「宗幸、聖望学園高校入学おめでとう」

と、毎日、ノートに書きつづけました。

もちろん希望校の校門を実際に見に行き、息子と二人で入学式に行っているさまを思い浮かべながら、真剣にノートに書きました。当時、私はたまたま偶然に中学校の役員をしていたので、無理だと思っている先生方には、

「もし落ちても学校にはご迷惑をおかけしませんので、受験だけはさせてください」

と、お願いして回りました。

そして、いざ受験の日。

「今日はお兄ちゃんが帰ってきたら、外食をしよう」

「ワーイ！」

と妹たちは喜んで兄の帰るのを待っていました。そのころはまだ経済的に苦しい時期で外食なんてめったにすることがなく、妹たちの喜びようといったら、それは半端《はんぱ》ではなかったのです。

「ただいま……」

帰ってきた息子の顔を見ると、涙ぐんでいました。様子がおかしい。

「どうしたの？」

「ぜんぜん数学が解けなかった」

と落ち込んだ顔。

「今日は試験も終わってホッとしているだろうから、みんなで外食しようと思って待っていたんだけど……」

と言うと、

「僕、行かないよ」

部屋に入り、布団をかぶって寝てしまいました。

妹たちは、楽しみに待っていたのですから、

「どうしても外に食事に行く」

と聞きません。そのまま本人を置いて、食事に出かけました。

宗幸は滑り止めなしの一発勝負でしたから、本人にしてみたらどうしたらいいか不安だったのでしょう。私は発表までの1週間、「入学おめでとう」を、それ以前にもましてもっと真剣に書きつづけました。

いざ発表の日、買い物に行くと、

「学校から合格の知らせがあった！」

「私にもあった！」

などと、親たちが喜んで会話を交わしています。私には何もない。

受験の日の子供の顔が頭に浮かび、不安がよぎりました。でも、大丈夫……。私は、

「合格おめでとう」

を繰り返しながら、お使いから帰ってきました。

しばらくすると、

「ただいま！」

と息子の明るい声。

「受かったよ!!」

思わず体じゅうの力が抜け、私はその場に座り込んでしまいました。

潜在意識さん、ありがとう！　ありがとう！　ありがとう！

◎「テープカット」のイメージ

次女の由紀が小学校６年生の時のことです。

彼女は運動会の徒競走で、

「６年間、ぜったいに抜けなかった女の子が一人いるの」

と言いだしました。小学校最後だからぜひ抜きたいと私に打ち明けるのです。

「一番でテープカットしているところを、頭に描いてごらん」

と私は教えました。

彼女の部屋には、〝運動会で一等賞をとる〟と書いた紙が貼ってありました。私の言ったとおり、描きつづけたのでしょう。

なんと彼女は、運動会の当日、みごと1着でゴールし、テープを切ったのです。

彼女はトレーニングを積んだわけではなく、足が速くなったのでもありません。もしかしたら、いちばん足の速い子のコンディションが悪かったのかもしれません。でも、いいのです、実力でなくても。とにかく彼女は、1着でテープカットをしたいと言って、そのとおりになったのですから。

こうしてわが家の子供たちは、

「紙に書き、ありありと思いつづければ、実現するんだ」

ということを、体験を通して学びました。

頼みの綱のメモ

由紀は、2歳半で急性腎炎にかかり、大人になってからも、水に入ったり、スキーやスケートなどの運動はいけないとドクターストップがかかっていました。長男の宗幸も幼児の頃に腎臓を患《わずら》っています。長女の桂子はどこにも悪いところはなく、3人の中では成績も健康も順調に伸びました。長男と次女の健康が、心配のタネでした。子どもの頃にはずっと無塩食です。胸には、「食べ物を与えないでください」と書いた注意書きをぶら下げていました。

親としては、とにかく丈夫でいてくれれば学校の成績はどうでもいいと、勉強することをあまり強くいいませんでした。そんな状態で由紀の場合にもいざ高校受験となると、彼女の希望ではなく、偏差値で受験校を決められてしまいます。

彼女の行きたい高校は、受験することさえできないほど偏差値が高かったのです。

ところがたまたま、私の仕事仲間のご主人が娘の志望校の先生だとわかりました。かけずり回ってお願いすると、受験できるように力を貸してくださるとのこと。あとは本人の実力次第ということになりました。

もちろん本人も、

「ぜったいその高校に行きたい」

私も、

「行かせてあげたい」

と思いは同じです。

このときも、私は同じように、ノートに、

「由紀、〇〇高校入学おめでとう」

と何回も、毎日書きつづけました。本人がどう思い、何をしていたかわからなかったのですが、私は前もって入学する高校を見に行き、入学式に２人で校門をくぐっているイメージを描いていました。

そして無事受験が終わり、発表です。

本人の努力のかいもあって、みごと合格でした。

発表の日、たまたまゴミ箱を見ると、何か書いてある一枚の紙の切れっぱしが、小さくた

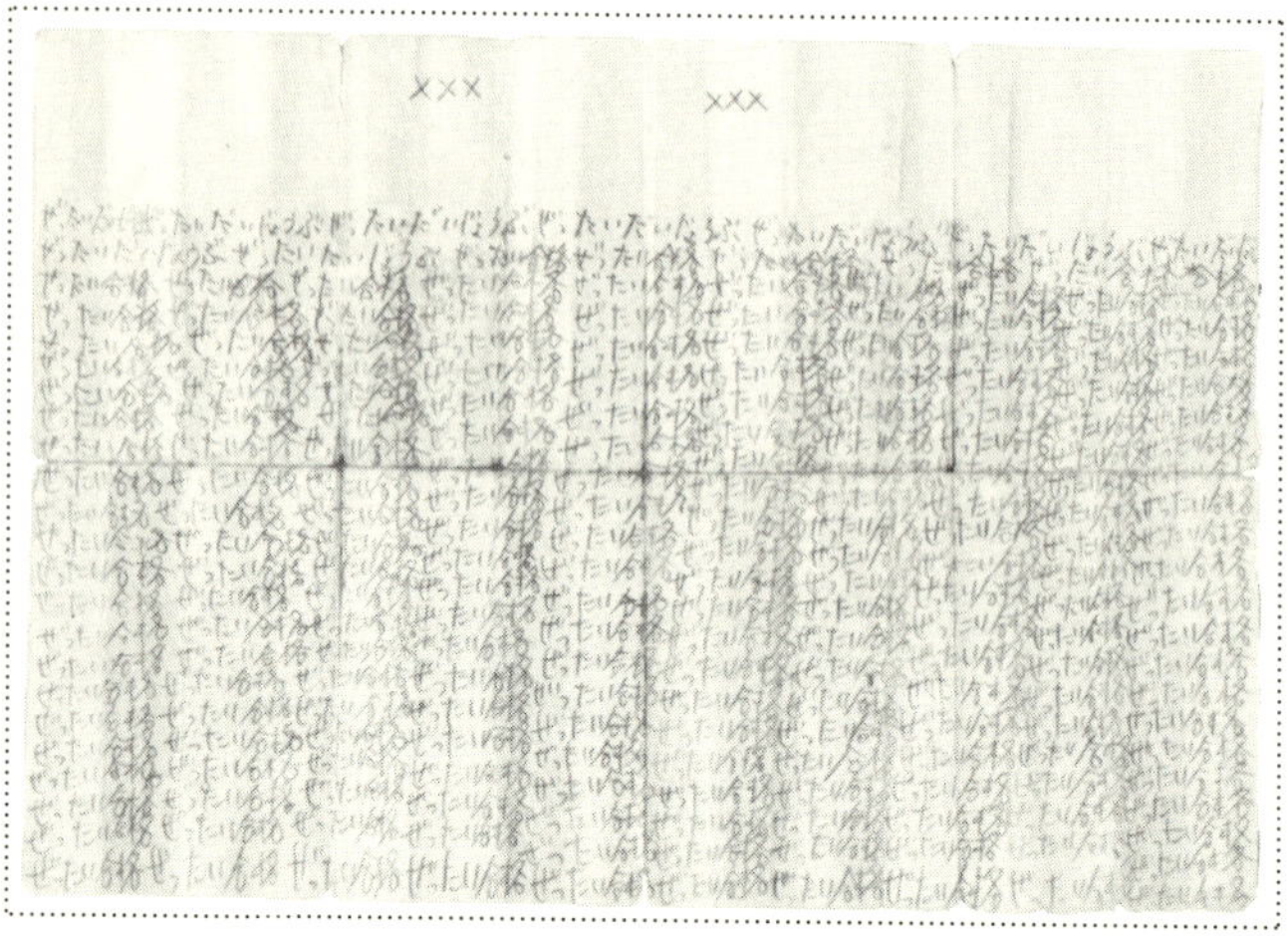

動かぬ証拠。びっしりと書き込まれた「ぜったい大丈夫」というメモ。

たんで捨ててありました。そうっと広げてみると、「ぜったい大丈夫　ぜったい大丈夫」と、小さな字で１０００字以上もあったでしょうか、書いてあるのです。小さく折って、スカートのポケットに入れておいたのでしょう。滑り止めなしの一発勝負。あの子は潜在意識にすがるしかなかったのでしょう。彼女の心の状態がよくわかりました。日頃、子供の教育はしっかりしていなかったのですが、ときどき潜在意識の話をしていて、本当によかったと思いました。今は1児の母になった娘ですが、あの時のメモを私が持っているとは露《つゆ》知らず……。

　ちなみにわが家の三人はみんな滑り止めなしの一発勝負でした。あれもこれもと分散していると、潜在意識さんが集中できないからです。これは私の方針ともなりました。

▨思いがかなった「オナー・スチューデント」

３人の子供たちにアメリカ留学を体験させることは、私のロマンでした。

先に留学していた長男の卒業式のときのことです。

息子と違うかっこいいスタイルの生徒が数人、目立っています。それが気になり、長男に聞くと、

「あ、あれはオナー・スチューデントといって、成績がいい子の印《しるし》だよ」

と言います。真っ白のたすきを長くのばしたようなベルト状の帯を肩にかけ、ひときわ目につくのです。それは特待生の印でした。

「なによ、私の子もそうなったらいいのに……」

と思い、長女の桂子がなってくれればと期待しました。でも残念、なれなかった。

それではラストチャンス。３人目の由紀がなってくれれば、と今度は真剣に、

「オナー・スチューデント、おめでとう」

と書きつづけました。頼むよ。しかし、由紀にはムリかなあ……。

卒業間近になり、彼女から電話です。

「オナー・スチューデントになったんだけど、首から下げるの、お金かかるから、買うのやめておこうか？」

「何いってんのよ。いくらでもいいから買って首にかけなさいよ。お母さんの夢なんだから」

おめでとうもなしに、慌ててそう言ってしまいました。

由紀はアメリカの大学入学時の英語研修期間では、あまりに出来が悪く、

「もう日本に帰りなさい」

と学校から帰国を勧められるほどでした。しかしそこから頑張ったのでしょう、同じ寮に暮らす、エジプトやトルコからやってきたネイティブではない同級生の助けを得て、ついていけるようになり、だんだん大学がおもしろくなったそうです。しかも、卒業時の1年間は、日本人では2名だけという育英資金ももらい、その連絡を受けたときには信じられませんでした。盾と写真入りのアルバムが送られてきて、ああ本当だったと安心できたのです。やればできるんだね、由紀ちゃん。

初めてのオフィス

36歳で仕事を始め、年収1000万円を稼げるようになったら会社を作ろうと私は決めていました。平成元年、40歳で、ついに1000万円獲得、目標達成です。

こうして有限会社「アロエベラキヨミ」という法人格を持った会社が、平成元年12月19日、この世に誕生しました。清美《キヨミ》という私の名前は、そもそも祖母と祖母が親しくしていただいた成田山のお坊さんが付けてくれたものと聞いていました。ですから、業種がなんであれ会社を作ったら「キヨミ」という名前を付けると前々から決めていたのです。

ところがいざ会社ができてみると、今度はオフィスが欲しくなりました。

「オフィスを持とう」

そう、心に決めました。

「オフィスを持つ、オフィスを持つ、オフィスを持つ……」

ノートに書き、朝、昼、晩、その繰り返しです。

たまたまグループの中に不動産屋さんがいたので、さっそくお願いをしました。

私の希望は、

☆土地30坪ぐらい

☆中古の家がついている

☆３０００万円前後の値段

☆道路に面している

☆日当たりがよい

☆自宅から10～15分ぐらいの場所。欲をいえば、酒井先生の道場と私の家の中間に欲しい
☆雑木林が見える

最後の雑木林が見える、というのが難問です。

一緒に見に行ってくれた友人が、

「雑木林が見えるなんて、虫がよすぎるよ」

と言うのですが、

「潜在意識がすることだから、大丈夫、大丈夫」

と私。

そうしたら、1カ月ぐらいで、すべて希望どおりのものがスムーズに手に入りました。

ヤッタネ!

ヘビの夢

アメリカ留学していた桂子から電話がありました。

「もしもしお母さん。今月、お母さんのボーナス、いいかもよ」

と電話の向こうで明るい声が響きます。

「ゆうべ、ヘビの夢を見たの。白いヘビが海の中を泳いでいたの」

彼女がヘビの夢を見ると、必ずその月の収入が跳ね上がるのです。

1回目は、小さなヘビで小さなベストボーナス。２回目の夢も、中ぐらいのヘビで中ぐらいのベストボーナスでした。

不思議です。ヘビの大きさとボーナスの大きさが連動しているのですから。それも、私ではなく娘がアメリカに住んでいて見る夢なのに。

３回目、

「お母さん。すごーく大きなヘビの夢を見て、怖かった。ちょうどお母さんの太ももぐらいのヤツ」

と言ってきました。

「どんな色してた？」と聞くと、

「あずき色のまだら」との答え。

そう。そうしたら、その月は超ベストのボーナス。びっくりしました。

その月、ちょうどアメリカに行くために成田空港に行くと、彼女が言ったのとそっくりの飾り物のミニチュアのヘビが売っていました。これにはまたまたびっくり。現物のヘビはあまり好きではないのですが、その置物を思わず買ってしまいました。

その後、彼女からヘビの夢の報告はありません。

早く見てちょうだい。私は、跳ね上がるボーナスをまた経験したいのです。ヘビには、なにか深いところで、財宝や宝物、収穫といったイメージとつながりがあるのかもしれません。

▨桂子、東京に戻る

アメリカ留学を終えて帰国した長女の桂子は、1年間家事手伝いをしたあとで、都内の企業に就職しました。新宿のビルのエレベーターで知り合った男性と恋仲になり、ある時、

「お母さん。ボーイフレンドと会ってくれない？」

と言います。「アルマーニを着た、かっこいい男性」といつも彼女が言っていたとおり、なるほどコートも背広もアルマーニずくめで、外見はいい男です。
二、三話をしてみると、九州男児でしっかりした口調です。九州男児すべてがそうではないでしょうが、私の印象では、ひどく頑固な性格に見えました。
「この人と結婚させるわけにはいかない」

というのが私の直感でした。

翌日、娘に、

「ボーイフレンドにはいいけど、結婚はねぇ……」

と、NOを告げました。

お母さんは見る目がないとかなんだとか、娘の反論がしばらく続きました。そうこうしているうち、彼は家庭の事情で、仕事を辞めて福岡に帰ることになりました。

「あぁ、よかった」

と思ったのもつかの間、娘も転勤希望を出して福岡支社へ異動となったのです。

それからしばらくは楽しそうに福岡からの電話。そのたびに私が、

「早く、桂子ちゃん帰ってきなさいよ」

「結婚はダメだからね」

と口うるさく言いましたが、そのうちに娘からの電話が途切れました。こちらから電話をしても、忙しいからまたあとで、の一点張り。

音信不通になってから考えました。

こうなったら、潜在意識しかない。

毎日の自分の目標を赤いノートに書いていたので、その欄外に桂子のことも書きました。

「桂子、東京に戻る」

「桂子、東京に戻る」

スペースがある限り、真剣に何回も書きました。

もちろん彼女には話さず、電話もせず、一人で書きつづけました。

半年ほど経ったある日、娘から、

「お母さん、私、東京に戻ることになったの」

という連絡。ヤッターと思ったけど、平気な声で、

「なんで？」

「九州支社が閉鎖になって、本社勤務になるの」

と言うのです。

二人の仲もさめていたのかもしれません。とにかく彼女が無事東京に戻り、彼と別れてきたとのことで、私はバンバンザイでした。私がこの支社をつぶしたのかもしれません。でも、どうでもいいのです。私にとっては、めでたし、めでたし!!

その後、ある人にこのことを話すと、彼女も子供のことで同じような悩みを抱えていたらしく、私と同じことをやりつづけたら、念願どおり別れてくれてうまくいったと喜んでいました。みんな万歳！

おはぎをちょうだい

「今日はお彼岸だねえ」

お彼岸の日には、お墓参りのことより、すぐにおはぎが頭に浮かんだ私は、

「大好きなおはぎが食べたいねぇ」

と、独り言をつぶやきました。

私は甘いものが大好きなのですが、持ってきてくれそうな人は思い当たりません。

「でも、ぜったい、誰か持ってきてくれる。誰か持ってきてくれる。私におはぎを持ってきてくれる」

３回、真剣に言いました。

昼食の時、オフィスのみっちゃんがパンを買ってきてくれました。

「今日は、おはぎが食べたかったんだよねぇ」

「おはぎ、たくさん売っていましたよ。買ってきましょうか？」

「ううん、いいよ。きっと誰か、持ってきてくれるから」

と言ってから、もう一度、

「誰か、おはぎを持ってきてくれる。誰か、おはぎを持ってきてくれる。誰か、おはぎを持ってきてくれる」

と、指折り数えながら繰り返しました。

しかし、その日は不発です。夜になってしまいました。

「たった1個でいいのになぁ」

とがっかりしていました。

ところが翌朝、友達のちえさんが、

「藤川さん、昨日おはぎ作ったから、持ってきたよ。食べて」

と、おはぎを2個持ってきてくれました。

「やったあ！」

そうなのです。本当に、願いつづければかなうのです！　やっぱり大感激です。

友情と潜在意識さんに、感謝です。

ウソから出たまこと

仕事の勉強会に行く予定日になって、なぜかどうしても行きたくないと思いウソをついてしまいました。

悪いことです。

「あのー、車が壊れて動かなくなったから、今日は行かれないの。ごめんね」

「うん。それじゃしかたがないから、いいわよ」と先方さま。

「ヤッター。行かなくてすんだ」

と喜んで受話器を置きました。

そして夕方、仲よしの友達のところへ壊れたはずの車でお茶を飲みに行った。楽しくしゃべって「じゃーね」と車に乗り、帰り道、恐ろしいことが起こりました。まるで昼間ウソをついた私に仕返しするように、交差点の一時停止で止まったまま、車はウンともスンとも動かなくなってしまったのです。スコンと止まったまま、にっちもさっちもいかない。しかたなく近くのガソリンスタンドのお兄さんに道端まで押してもらい、見てもらったのですが、どこが故障かわからないという。もう一度、明日ディーラーを呼んでしっかり見ようということになりました。

その夜、車に詳しい弟に連絡すると、

「僕がちょっと見てみるよ」

と来てくれました。

「カギを貸して」

とカギをさしこむと、何事もなく愛車は普通にエンジンがかかり、ちゃんと動くのです。

「お姉ちゃん、何ともなってないよ」

その時、ピピッと私には響いたのです。

「あ、今朝車が壊れたって、ウソをついた私の言葉どおりになったんだ」

とわかりました。

私は、あわてて心の中で、車と勉強会を開いてくれた人にお詫びを言いました。

そうなのです、私のウソは、潜在意識を通して、生《せい》のない車にまでつながっているということを教えてくれたのです。

本当に、ごめんなさい。

帯状疱疹が出る

ある年の秋、私が参加している会社の世界会議が開かれました。参加する順番が、会社の副社長ご夫妻と私に当たっていました。大役です。

世界の代表たちが100〜200人ほど集まり、3週間ヨーロッパを旅行しながら会議を行うという重要な催しです。もちろん、日本語が通じるのはご夫妻と私だけ。あとは英語で話さなければなりません。

前回オーストラリアの旅に同行させてもらった時にも、言葉が通じないことで、初めの4日間ぐらいは頭の中がパニックになり、へとへとに疲れ果ててしまったひどい経験がありました。だから本当のところ、参加したくなかったのです。

でも仕事なのでわがままは言えません。

断りたい、でも言えないと、心の中で葛藤したまま3週間前になってしまいました。

そんなある日、突然の発熱です。お尻から背中の中心にかけて、帯状疱疹がワァッとできたのです。痛いの痛くないの、表現のしようがないほどの、まるで針のむしろに座っているような痛みです。３日間高熱が出て、なかなか下がりません。医者に行って、薬と注射。しかし痛みは引きません。そんなわけで、10日間ほど床についてしまいました。

結局、会社に病状を伝え、会議に出席できない旨をお伝えすると、

「たまたまリーダーのＹさんも1年前にそうなって、痛くて大変なのを経験しているから、無理しないで」

とのご返事。

あれは、心でイヤだなあと思っていると、いいことも悪いことも、なんでもそうなるという証明だったのでしょう。ホントです。潜在意識は、いいことも悪いこともかなう……本当にそうだったのです。

行きたくない旅行は参加せずにすみましたが、こんな痛い目に会って知った大きな教訓でした。

盗まれたバッグ

勉強会が終わってみると、クリスチャン・ディオールの私のお気に入りのバッグが失くな

っていました。

中には40万ほどの現金と、大事な手帳、住所録、財布、化粧品、そして筆入れなどが入っていました。

あっという間に、椅子の上から消えました。

ちょうど昼休み、午前中で帰る人と会話をしていたほんの一瞬の出来事です。

私はとっさにひらめきました、これは外部の人ではない……。

その部屋には100人ほどの人がガサガサ出入りしていて、外部の人が入ってきたらすぐに目につきます。ぜったいこれは仲間の人だ……そう直感しました。

私の直感は、「Aさんだ」と名前までひらめいたのです。

朝、なんだかウロウロしていたのが気になっていました。

勉強会終了後、さっそくAさんの友人に電話をして、

「夕方7時にあなたの家に行きますから、Aさんを連れてきてほしい」

と頼みました。

もちろんその友人は、ことの重大さにびっくりしています。

私は心の中で、手帳と住所録はいろいろな都合上ぜったい手元に返してもらわなければならない……クリスチャン・ディオールの口紅、ゴルティエのペンシルケースは戻らないかも

しれない……そう決めて、車の中で待ちました。

Ａさんが友人の家に入るのを見とどけてから、私は今来たような顔をして、

「今日バッグがなくなる事件があったので、一軒一軒お尋ねして回っているの。Ａさんにもちょっと聞きたくって……」

と、ウソをつきました。目を見ながら話しているうちに、

「ぜったいこの人！」

と、さらに確信が深まりました。トイレに行ってちょっと考え、あることがひらめきました。まさに神様からのメッセージです。

みんなの前で私しか知らない住所を書こうと思ったのです。

「皆さん、私の手帳と住所録と財布がこの住所に返ってくるよう、神様に祈ってください。どうしても、数日後、アメリカに仕事で行くときに持っていきたいので……」

と言い、机の真ん中にあった紙に私のサロンの住所を書き、みんなにも書き取ってくれるようにお願いしました。

そうお願いして帰った２日後、西武デパートの遺失物保管係から電話がありました。

「あなたあての封筒がトイレに落ちていましたので、取りに来てください」

切手は貼ってありますが、もちろん差出人の名前はありません。

ただ、係宛ての電話があったそうで、

「その宛名の方はアメリカに行くので、その中身が早急に必要だからあて先に送ってほしい」と。

「あなたから送ったらどうです？」と係が問い返すと、

「私は取りに行けない事情があるのです」

と返事をしたというのです。

そういうわけで、西武デパートまで取りに行ったら、私の求めたものだけが全部入っていました。なんて不思議！　カンが当たったのです。Aさんとはそれっきりです。どうしているでしょうかね……。

宇宙へ広告を出す

自分の夢をあたかも新聞広告に出すように、明確に、細かく、具体的に心に描くこと……それを私は、「宇宙への広告」と呼んでいます。

自分の望みを紙やノートに書き出し、必ず箇条書きで条件をリストアップしてから、「宇宙へ広告を出す」のです。画用紙に望みを書いて、壁や窓に貼っておくこともあります。

私が2軒目の家を建てたときや、初めて自分の事務所を持ったときも、実際、私はその方法で夢を実現しました。私は本気で、この力にすがったのです。

最初の家は子供の成長とともに手狭になったこと、趣味の手芸教室のためのスペースが欲しくなったので、住んでいた家の空きスペースに増築をしようと決めました。

すでに業者にも頼み、関西の義母にそのことを話してみると、義母が大反対です。義母は信心深く、その件をお寺さんに告げると、

「そこは鬼門で、家を建てたりしたら、１年以内に主人が死ぬ」

と言われたようなのです。

主人も、それでは材料費を弁償してでも中止にしようと言いだしました。

私は内心不満でしたが、しかたなく夫の意見に従いました。

このまま諦めるしかないか……。

しかし、そうだ、こうなったらもう潜在意識の力に頼るしかない！

私は、増築を諦め、引っ越しすることを前提に、次のようなことを条件に、「宇宙への広告」を出しました。
☆土地は56坪以上、いま住んでいる家より大きくて、２階建て（２階に3部屋あればいいな）
☆南、西、北に建物がないこと

☆道路に面していること
☆洋式のトイレがあること
☆部屋にじゅうたんが敷かれていること
☆玄関は吹き抜け
☆3000万円以内
☆当時住んでいたところと同じ西坂戸の団地の中（1丁目）
☆早急に欲しい（私はせっかちだから、なるべく早く）
これをノートに書き、来る日も来る日も希望の条件を唱えながら、窓の外を眺め、心の中で念じました。1カ月が過ぎようとしていたある日、友人が、

「ねえ、家を買う予定はないかしら？　主人の会社で、いま買い手がいなくて困っている建て売りがあるのよ」

と言うのです。

ご主人は、私が住んでいた団地を建設した会社の支店長さんでした。

……建て売りを販売したら、16倍の倍率で希望者がたくさん出た。抽選の結果、1位2位と当選者が決まった。しかし行き違いがあった。2位の方は、1位の方がどうせ購入すると思い古い家を増築してしまった。1位の方はぜったい購入したいのだが、住んでいる家が売

れずに結局断念した。そうこうしているうちに1年経過してしまうと、新中古という物件になって公庫ローンが使えなくなりそうだ……そういう話です。

だからご主人は、焦《あせ》って買い手を探しているとのことでした。

私は、自分の希望をリストとして書き上げてから、まだ1カ月にもならないころだったので、そんなに簡単に見つかるわけはないと思ったのですが、

「とにかく見せて」

と、興味半分で見に行きました。

そうしたら、なんとびっくり。

☆土地72坪、家31坪。２階建てで、２階は3部屋ある

☆日当たりがよく、南も北も道路

☆南、西、北に建物がない

☆洋式のトイレが２つある

☆部屋にも廊下にもじゅうたんが敷かれている

☆玄関は吹き抜け

☆新築

☆２７３０万円

☆西坂戸1丁目
☆1カ月以内
なんと全部が全部、私が希望の条件をノートに書いたとおりです。これはもう、神様が準備してくださったものにちがいない！　そう思いましたが、いや待てよ、まだまだ難問があることに気がつきました。
①夫の了解は？
②銀行のローンは可能か？
③いま住んでいる家が売れるだろうか？
不安がよぎりました。

夫に聞いてみると、

「いま住んでいる家が売れれば、いいよ」
②を銀行に尋ねてみると、ローンが終わっているので、公庫と銀行ローンと頭金でＯＫ。
問題は③です。いま住んでいる家が売れるかどうかです。

建設会社も、1カ月の期間のうちに古い家を売らなければならないとあって、真剣にＰＲしてくれました。何人もの人が見に来てくれて、

「いいですねぇ」

と言い、すぐにも購入してくれそうなのですが、後日の返事は、決まってＮＯ！

一方、私は、毎日、購入予定の家を見に行きながら、

「必ず私のものになりますように」

と祈り、洗濯物を干しているイメージ、子供と遊んでいるイメージを描きながら、外からその家を眺めていました。

しかし、住んでいる家の買い手はなかなか現れません。約束の期限まで、残り２週間。どうしよう……？

「そうだ、看板だ！」

どうすればいいのかわからない時、私は「潜在意識に宿題を出す」のです。

頭や理性でウンウン考えてもしょうがないとき、もっと大きな力にお任せするのです。

お任せして、真剣に考えると、必ず神様の声がします。まるで雷のお光さまが私に降ってくるように、振動とともにビビビッとやってきます。

そのときも、稲妻のように、ひらめきがやってきました。

「看板を出そう！」

私は下手な字で大きく「売家」とペンキで書き、塀に貼りました（夫は、住んでいるのに

みっともないと言うのですが、なによ、売るのだからいいじゃないと、ここは強行突破です）。

看板を貼って数日経ったある日曜日、家族でプールに行く予定だったのですが、たまたま私が気乗りせずにひとりで留守番していました。それがよかったのです。

一人の中年女性が
「ごめんくださーい」

と庭先から入ってきました。

「この家、売っているんですか？」

「はい、そうです」

「いくらですか？」

「1630万円です」

「ちょっと見せてくださいますか？」

「どうぞ、どうぞ」

部屋に上がっていただいて、ひと回り。小さな家なのでこの間、約3分間。

「ちょっと電話をお借りしてもいいですか？」

「どうぞ、どうぞ」

その方は、サンダル履きの化粧っけのない普段着姿で、外見で判断しては申しわけないのですが、この方が家を購入するとは思えません。以前来た何人かの人々と同じ、ひやかしかな？　ご婦人は電話で二、三話をして、電話を置くやいなやまるで大根を買うような感じで、

「私、買います」

「ほ、本当ですか。ありがとうございます」

と、半分信じられない私。

やがてプールに出かけていた夫と子供が帰ってきて、昼間の出来事を話したら、私以上に信じられない様子。

その後、不動産屋さんに仲介していただいて、めでたしめでたしの決着。

後に家を買ってくれたご婦人と親しくなって聞いたところ、隣町に住んでいる方で、この日たまたま初めてこの近所にフラッと散歩にいらして、〝看板を見た〟のだそうです。

やったね！

ひらめきとはすごいのです。

私は、この出来事を通して得た「潜在意識」の力、そしてそのひらめきを、この時からますます本気で信じるようになったのです。

泣き癖、おねしょ癖

酒井先生の奥さんの茂代さんに聞いた話です。

長男の泰士《たいし》くんは、雨が降っては泣きおんぶしても泣き、いつも泣いている子供さんでした。生後6カ月ごろのことです。奥さんの茂代さんはすっかり参ってしまい、買い物にも行けないとこぼしていました。

そこで酒井先生は茂代さんに、毎晩泰士くんが寝るときに、

「おりこうだからね、泣かなくていいんだよ」

とささやくことを提案しました。

茂代さんは、このささやきを毎晩続けました。ある時から、ピタリと泰士くんは泣くのをやめたそうです。彼の潜在意識に訴えて、もう大丈夫だよ、だから、泣かなくてもいいんだよと安心させたのです。

潜在意識に働きかけると希望どおりになる……これは間違いではないと確信したそうです。

先生のこの潜在意識の実験は、私にもよくわかりました。

実は私にも同じような経験があります。

友人の子供さんが、修学旅行に行くか行かないかで大騒ぎしていました。おねしょの癖があったのです。

「私が治してあげる」

と宣言しました。

「今日からもうしないよ。大丈夫だからね」と、子供さんが寝る間際に言い聞かせるようにお伝えしたのです。このセリフと同時に、それまでおねしょ用にまくら元に用意していたビニールシートやおむつやパンツを一切取り払ったのです。こういう用意があると、おねしょしてもいいということになるからです。２週間後、６年生の子供さんのおねしょ癖はすっかりやみ、元気で修学旅行に参加しました。

ビニールシートやおむつやパンツをなしにしたのは、あれこれ選択肢を設けずに「もう大丈夫だからね」というささやき一本に絞ったというわけです。この方法しかないという条件で、潜在意識にお願いするほうが効果的なのです。

こういうケースは日常的によくあることです。問題を抱える家庭にとっては、身につまされる問題です。この方法だと簡単にできることですから、どうぞ試してみてくださいね。

素直にやってみた

自分の願いを何回も口で言ったり、紙に書いたりすると、潜在意識に入りやすいのだそうです。

頭の中で思っているだけだと、どうしても顕在意識（あれこれ思う意識）が邪魔をして、「どうせ、そんなことあるわけないさ」なんて思ってしまいます。紙に書くのなら、ネガティブなことをわざわざ書くわけはありません。だから、よいことだけが「潜在意識に入りやすいのだ」と酒井満先生が教えてくださいました。

そのことを知ってから、私は「潜在意識」を〝道具〟として上手に使いこなすようになりました。私の心がそのことに奪われ、やがて、それに専念するようになったのです。でもこのことは、あまり人には言いませんでした。そんなバカなことがあるはずがないとか、もしそんなに簡単に誰でもできるのなら、世の中の人みんなが幸福になるでしょうとか、完全否定する人が多いのです。ヘンな目で見られることが多く、激励されるわけでもありません。

たしかに不思議な行為です。

しかし、簡単で、お金もかかりません。人に迷惑がかかるわけでもなし、これぐらいなら私にもできる……だから続けてみようと感じたのです。
私は、最初は大学ノートへ書きこんでいましたが、そのうちに、Ａ３ぐらいの大型のスケッチブックを用意し、そこに大きな字で自分の願いをしっかりと書き込むようになりました。このほうが目標がはっきりして明確になるのです。とくに◯◯というマークがパワーを発揮して、願いの達成には効くようです。お金の場合でも、ただお金が手に入りますようにというのではなく、
◯◯◯◯◯円達成
◯◯◯◯◯円達成
というように◯マークを具体的に書き、必要な分を羅列して書きこむと、達成のスピードと確率がよくなるようなのです。このＡ３スケッチブックは、もう50冊を超えました。最初に書きはじめた大学ノートは押入れにぎっしりですから、その時々の自分の願望がちゃんと記録されていて、あとから確認するのにも便利な記録帳になりました。
私は、学歴もなにも持ち合わせてはいませんが、もし成功の要素を持っていたとすれば、唯一「素直さ」でした。
これはいいと感じたら、まっすぐに突入し、集中したのです。
手帳やスケッチブックに願いを書きつづけ、何度も思いつづける——そして、達成した姿

を、ありありとイメージする——あとはもう、潜在意識にお任せすることにしたのです。

そこで得たのは、

「誰でも、願いつづければ成功できるはずだ」

という感触でした。

感触は、やがて確信に変わりました。

その確信によって、私の夢への進撃は、この時、本当にスタートしたのです。

潜在意識にお任せしよう……これが私の人生の大きな転機でした。

《第3章》

共時性……不思議な偶然の一致

道しるべに沿って歩いた道

考えてみると、とても不思議です。

川角《かわかど》なんかに住むつもりはないよと思っていたのに、実際はそこに念願のマイホームを買うようになったこと。その土地で、誘われてしかたなく参加したパーティーで酒井茂代さんと出会ったこと。「誰でも成功できる」と書いてあった一冊の本を読んだこと。酒井先生から潜在意識を教えていただいたこと。その酒井先生こそ、私の人生を支えてくれる師匠として、今までずっと指導していただいたこと。そこから私の夢が、パッと一気にふくらみ開花したこと……。

このうちどの出来事が欠けても、現在の私はないでしょう。

私が「成功したい」という想いを持ちつづけていたから、そのために、この道を〝歩かされた〟のです。

いま振り返って思えば、あらかじめ道が作られていて、そこを歩かされていたようです。

そのように、心に思い浮かべたことと、現実の出来事が一致する「意味ある偶然の一致」、これが「共時性なんだよ」と教えてくださったのは酒井先生でした。

そうなのです、あれもこれも、この道に至る「共時性」は数珠《じゅず》のようにつながっていました。一つでも失えばぷつんと途切れるような輪のつながりです。それが長い物語になってて、その積み重ねのうえに、大きな広がりが待っていました。一つ一つの出来事が、すぐに結果の出る単品ではないところが面白いところです。

でもこのストーリーは、自分の判断とか自分の理性によるものではありません。いくらいっぱいの夢を持っていても、細く短い自分の腕では、夢の実現に届かなかったでしょう。それとはまったく関係のない何かが、私の人生を大きく動かしてくれたのです。自分の力のとうてい及ばない、なにか大いなる力があるのだ……「潜在意識」にお任せし、共時性を感じられれば、不思議なことが待っている……。

「わあ、すごいなあ」

と、私は心底、そう実感したのです。

サロンが欲しい

仕事で人に会う時やセミナーを開く時には、私はいつも近所のファミリーレストランや地域の集会所などを利用していましたが、いろいろ拘束があり大変なのです。そんな折、アメリカで開かれたある会議の席で、北海道から出席していた上田さんが、

「ジョナサンハウスを建てるの」

と、元気そうに話していました。

「ジョナサンハウス……？」

たまたまそばにいた私の耳に何かがピンときました。どうやらミーティングの場、つまり集会場を作るというお話のようです。ジョナサンというのは、リビングストーンという作家が書いた『かもめのジョナサン』（五木寛之訳　新潮文庫）という小説のタイトルです。ジョナサンという1羽のかもめが、どれほど高く飛翔できるか、どれほどのスピードで落下できるか、ぎりぎりの限界に挑むストーリーです。仲間の冷笑を尻目に、ジョナサンの心と行動がヒロイックに描かれた印象的な小説でした。私が始めた仕事の会社のロゴマークが〝かもめ〟だったことから、この小説のタイトルがこんな風に使われていたのです。

上田さんの話を聞いているうちに、

「私も、サロンを持ちたい」

と思いました。このアイデアは「いただき！」と決めたのです。それからは、サロンを持つことは私の夢の一つとなりました。そのころ営業成績も順調でした。売上げは伸びに伸び、年収８０００万円以上クラスへの昇進が目前で、勢いに乗っているところでした。自分の会社を立ち上げて8年ほど経ったころです。

毎週チェックしている不動産広告の中に、ある不動産屋の電話番号が目に入りました。「94―８０００」とありました。私にはそれが、「給与８０００万円」と読めたのです。これは年収８０００万が可能だというサインだ……ピピッときたのです。

毎週、その部分だけ切りぬきました。そんな子供じみたことなのですが、これが後に思わぬ展開となるのです。

ある日の昼下がり、珍しく私が家にいると、ピンポーンと宅配便の配達の方が来ました。

「お荷物です」

しかし配達員の彼女はドアを開けたとたん、荷物の箱を一つコトンと落っことしてしまいました。「まったくもう、壊れものだったらどうするのよ」と文句の一つも言おうとしたのですが、その女性配達員さんが、私の好きなフリルつきの水玉模様の日傘をさしていたので、文句の代わりに出たのは、

「あら、すてきな傘ねぇ」

というやさしいセリフでした。

本来の宅配係が休んでしまって、たまたま代理で来たこと、初めての宅配エリアとのこと。

「宅配の仕事って、おもしろい？」と、ちょっと立ち話です。

聞けば、夏と冬だけの仕事だが、本当は何かいい仕事を探しているとのこと。

ちょうど私は、ビジネス勉強会の受付を探していたので、次の勉強会から手伝ってもらうことになりました。そんなご縁で彼女と親しくなったのですが、ある日、例の私の目標「年収８０００万円」のための「94―８０００」の電話番号の切りぬきを見せると、

「あら、その番号、夫の会社の電話番号よ」

と彼女が言うではありませんか。

なんと彼女のご主人は、その不動産会社の所長さんを務めていらっしゃるとのこと。私は、すぐにその不動産会社を紹介してもらうことにしました。


実はそのころサロンによさそうな物件があり、すでに別の不動産屋さんと交渉中だったのです。１億円を超える私にとっては経験したこともないほどの大きな物件でした。調子がいいとはいえ、たかが一主婦の私にとっては天文学的な数字です。こんな大金を動かすのは生まれて初めてのことでした。

ある物件の下見を終え、私はすぐにでも購入したかったのですが、なぜか不動産屋が難色を示すのです。いろいろ言い訳しては、明らかに売り渋っている様子。代わりの物件を、どんどんファックスで送ってくるので、

「これはおとり物件だったのかしら?」

と疑っていた矢先でした。あとでわかったのですが、この物件は、実は貯水池になる用地でした。私はだまされかけていたのです。結果的には失敗だったのですが、私にとっては大きな収穫がありました。

というのは、私の支払い能力が証明されたことです。

「あなたならＯＫですよ」と、当時お世話になっていた信用金庫の担当者が、たったの１秒で保証してくれたのです。

この信用金庫とは、36歳の時に子供の手を引いて２００万円の融資をお願いしたとき以来のお付き合いです。２００万円は剣もほろろに断られ、その理由を尋ねると、

「あなたには信用がないからです」

との説明を受け、あれから月々１万円の月掛け預金がスタートしたのでした。その後掛け金はずいぶん増額しましたが、あれから私はしっかりと信用を作っていたのです。その担当者が、こともなげにＯＫですよと私の能力を保証してくれたのです。そう考えると、私をだまそうとしたおとり物件のおじさんもいなくてはならない人、必然だったのです。

「おじさん、あなたのおかげよ」と感謝しているのです。

そんな状況のところで、「94―８０００」とのご縁です。

私は具体的に物件の条件を決め、「94―８０００」の彼女のご主人に伝えて、探してくださいとお願いしました。

☆１５０坪以上の土地
☆1億5千万円ぐらい
☆道路に面している
☆静かな環境
☆南側に建物がなく、日当たり良好
☆自宅から車で15分以内
☆坂戸か鶴ヶ島
☆中古の家が建っている
☆井戸がある
☆3カ月以内に見つかる

一方、私はこの条件を、何度もノートに書きつづけました。

1週間ほどで「94―８０００」の不動産会社が、ある物件を見つけてくれました。すぐに見に行き、即ＯＫです。

しかし2～3日後、売り主がやっぱり売らないと言ってきました。聞けば、保証人が3人

オフィス兼集会場兼バザー会場兼勉強会、なんでもありのサロン。

いて、ごちゃごちゃしているというのです。

うーん、難問です。

しかしそういう時にも、私はがっかりしません。

先に書いた物件の条件を唱えながら、それとは別に次のように祈りつづけました。

「あの土地を手に入れることによって私の未来が開けるのでしたら、どうぞあの土地を私に与えてください」

1週間後、なんと先方から、

「至急買ってください」とのご返事。

しかも500万円下げますと。

そんなふうにしてわがサロンは手に入ったのでした。

私が書いた条件どおりの、三方が道路、180坪で、日当たりがよく、静かで、井戸もある、自宅から車で12分の土地に、おとぎ話に登場するようなピンク色のサロンができ上がりました。

ハワイで見た3億円の豪邸

サロンの土地・建設費用は、およそ2億円ほどかかりました。

私の次の目標は、〝3億円の不動産〟とイメージを描きました。次に何かあればこれぐらいの金額だろうとインプットしたのです。

ちょうどそのころ、長男の宗幸《ひろゆき》の結婚式がハワイでありました。ホテルに泊まるよりも家族みんなで一戸建てをレンタルした方がいい、ということになりました。いちばんよい物件は、タッチの差でほかの人に借りられてしまいました。次の物件は、レンタル料1泊20万円の一戸建てです。すてきな家ですが、1泊20万円は高いとかもう少し安いのがいいとか、家族の意見が分かれました。でも私は、おのおのの部屋で写真を撮るだけでも価値があるのだからと、豪華なほうがいいと言いとおしました。借りた家は、6つのベッドルーム、お手伝いさんの部屋、プライベートビーチ付き、さらに時間になると庭のスプリンクラーがセットされ水撒きを始めるのです。それはそれはすごいお屋敷でした。

宿泊した初日、起きてゆっくりくつろいでいると、門の外でとんとん何かをやっていてうるさいのです。行ってみると、門前に、「for Sale─CENTURY21」と、不動産屋さんが看板の杭を打っているところでした。

この豪邸が売りに出たのです。さっそく、その不動産屋に電話をしてみると、なんと売り値はインテリア込みで3億円！　びっくりです。私のイメージしたとおりの値段です。ニューヨークに在住する彫刻家の家でした。

私にとっては、こうしてイメージを植えつけることが大事なのです。宗幸のおかげで、先取りの思いを体験させてもらいました。

アイ・アム・ハンター

この仕事に就いて初めて、大勢の前でスピーチをすることになりました。

浦和のある会館です。４人のスピーカーのうち、３番目が私です。

会場の客席には２００人くらいいたでしょうか、前列にスピーカーが座り、最初の方が個人的な体験談を発表しました。次は栄養士の佐光先生です。専門的な、やや難しい話をされていました。

さあ、次は私の番です。

隣に座っている酒井先生に、

「先生、20分も、何の話をしていいかわかりません」

と、半べそで助けを求めると、

「何でもいいから、思ったことを話してこい」

「潜在意識でしゃべればいいんだよ」とのアドバイス。

「はい、わかりました」

と答えたのですが、ガタガタ体が震えます。それでもそのまま壇上に上がっていきました。

会場の中に、チラッと当時の副社長さんの顔も見えました。

「会社の偉い人が来ている」

と思いましたが、もうどうしようもありません。

しかたなく、その時の心のままに、

「私は今、直出し《ちょくだ》(直接お客さんを探すこと)をしています。ですから、右手にピストル、左手に札束、アイアムハンターです」

あとは何を言ったか覚えておりません。

すごいことを言ったもんだと、後日びっくりしました。

そして1週間後、株の月刊誌『ハンター』という雑誌から、なんと私に取材依頼がきました。ハンターという雑誌！

「なぜ？」

「誰か聞いていたの？」

「10年後の資産、10億円」というタイトルで、私の話が掲載されました。ちょうど40歳の時でした。その後、タイトルどおりの目標は突破。時間はかかりましたが不思議な共時性でした。

初恋の人

私にも中学1年生の時、後ろの席に好きな男の子がいました。

陸上部の長距離ランナーで、色が黒く、いま思えば、オリンピックで活躍したアベベのような男の子でした。

よく私の後ろから、

「おい、○○先輩が写真をくれってよ」とか、

「おい、○○先輩が、この手紙を読めって」

と、いつも運動部の先輩の使い走りをしていました。

私は心の中で、

「あなたの手紙が欲しいのよ」

と思いながらも、その時は、背中をつっつかれただけでドキドキしていました。

でももちろん言えるわけがない。打ち明けようかどうしようかと思いつつ中学から高校へ、打ち明けられない自分がもどかしく、彼のことを考えるたびに勇気のなさを悔やんでいました。

月日が流れました。就職したり結婚したりと初恋の人のことはすっかり忘れかけていたある日、25年ぶりぐらいでしょうか、彼とばったり出会ったのです。

東武東上線で池袋から帰る時、ドアの前に立っていた私の前を偶然、その彼が白い背広に白い靴を履いて4、5人の若い衆を連れて乗ってきたのです。見るからにヤクザという様子でした。私のあこがれていた、浅黒い、鼻筋の通った、昔のまんまの顔。私がわかったかどうか判断がつきませんが、私は思わず「目を合わすまい」と背中を向けてしまった。

「ヤクザになってしまった……もったいないなあ」

ちょっとがっかりしたけど、まあ、あれは青春の思い出。どうせ打ち明けられなかったんだもの、昔と同じように心の中に思い出として固まらせておこう……。あの時、勇気のなかった自分がよかったと思いました。

その後、同窓生と会った時ちょっと聞いてみると、

「刑務所に4年半、入っているよ」

「４年半なら、窃盗じゃないの？」

などと教えてくれました。

あれは何だったのでしょうか。打ち明けないで、本当によかった。

神様、あのときのご判断に感謝します。ありがとうございました。

２６００坪の土地……不思議な規約

知り合いの親戚で、大人たちが亡くなってしまい、20代の子供たち３人が負債を抱えたまま農家を引き継ぐことになりました。農家は築１２０年、古くて今にも倒れそうな土蔵があり、とても住んでいける家ではないようです。だいいち、若い子供たちは田舎に暮らすより町に出たいとのこと。６８０万円の負債もあり、私にその家を購入してほしいという話が舞い込んできたのです。

仕事も順調にいっていた私は、友達の親戚が困っているのなら力になってあげようと購入することを決めました。いざ私の名義に変える時に、行政書士の方が、

「藤川さん、運がよかったですね。あなたは県外在住の方だから、長野県の条例で土地の合計が２５００坪以上ないと、農地・田畑や山林は、名義変更ができないのです」

と言うのです。

購入した物件があちこちに分散していて、どのくらいの広さがあるかよくわからなかったのです。

「ああ、そうなんですか……？」

と不思議顔の私。

ラッキーなことに土地を合計してみると２６００坪になり、スムーズに私の名義にすることができたそうです。条例の規則など何も知らなかったのですが、偶然にもＯＫをいただいたのです。難しい規則までが私に味方をしてくれたのです。ああ、感謝です。

失踪したダイヤモンド

あるアメリカで開かれたセミナーに出席した時のこと。

私は、人前でマイクを持って話をしなければならない時は、気分を盛り上げるために４カラットほどの大きなダイヤモンドの指輪をすることにしています。

といっても大きなものをしたいだけで、ダイヤモンドのクオリティーとしてはさして高価なものではないのです。それほど宝石が好きというわけでもなく、単にマイクを持った時のインパクトの強さを表現したいだけのこと。この時も大きなダイヤモンドを指にしていました。

そうしたら隣の席の方が、

「まあ、藤川さん、すごいダイヤの指輪してるんですね。ちょっと見せてくださいな」

と声をかけてきました。たぶんその方は、私の年収から考えれば当然ちゃんとした品質の、高価なダイヤモンドをしていると思ったらしいのです。だからその時、私は、

「いいえ、これは安物の、あまりいいダイヤではないのですから、お見せするほどのものではないのよ」

と手で隠し、ごまかしました。実際、近くで見れば輝きが違うことはすぐわかってしまいますから。

セミナーが終わって、その日の泊まりのホテルの部屋に戻り、ふと気がつくとその指輪のダイヤモンドがなくなっているのです。指輪のツメの部分だけで、石がなくなっているではありませんか。

私は、もうゾゾゾゾーッとしてしまいました。なくしたことの悔しさではありません。

あのとき、

「安物で、質が悪くて、見せるほどのものではないのよ」

と言った私の言葉を、ダイヤがちゃんと聞いていたのだ、だからなくなったんだと思ったからです。急いで会場へ引き返して探しました。すでに片付けが始まっていて、係の人にも

頼んで探してもらったのですが、結局、ダイヤは出てきませんでした。

自分では大切にしていたつもりだったのに、人前だったから、ついけなしてしまった。

そしたらダイヤが怒って、どこかへ失踪してしまったのです。

網棚のスポーツ新聞

三浦さん、横山さんと池袋の「滝沢」という喫茶店で待ち合わせしました。

東武東上線で池袋に向かう電車で、前に座っている男性がスポーツ新聞を見ていました。私は本を読んでいたのですが、なぜか不思議にその新聞が気になってしかたがありません。

「ちょっと読みたいな」

と気になっていました。

そうこうしているうちに、終点池袋です。男性はサッとその新聞を網棚に放りだし、足早に降りていきました。

「よかった」と思って、網棚からサッと新聞を拾い、それを持って「滝沢」に行きました。

約束の2人がまだ来ないので、早速、その新聞を広げて見ると、これがびっくり。

「松井選手、待っていたアロエベラジュース」

という記事です。それを読んでいると、三浦さんたちが到着して、

「松井選手がスポーツ紙に載っているわよ」

というご報告。アロエベラジュースが載っている、私が読んだスポーツ紙とは別の新聞のコピーを見せてくれました。

「私のスポーツ紙にも載っていたわよ」と言うと、

「うわーすごい」と喜びながら、

「スポーツ紙なんて読むの、藤川さん？」と。

「網棚にのっていたのを拾った」と言うと、横山さんが、

「わあ、やだ藤川さん」

「私は子供に、絶対に網棚のものなんか拾わないように、しつけをしているのに」

と大笑い。

でも、なんでもよかったの。おかげで、販促用に2種類の資料が手に入ったのですから。

「ミラクルズ」の不思議な共時性

２００2年になって、私はボランティア団体「ミラクルズ」（略してM's）をスタートさせました。だんだん仕事もうまくいくようになり、そろそろボランティア活動をしようかなと思い、

「社会に向かって何かしない？」

と友達3人に呼びかけて作った団体です。

ペットの里親探しから、途上国の子供たちへの学用品や物品支援まで、幅の広い草の根運動を展開するようになりました。みんなに発信してみると、それがたちまち全国にいる仕事仲間に広がり、会員はいま700人までに増えました。

ある時、長野で「M'sセミナー」をしようということになりました。チケットを販売し、地域の困っている方々にプレゼントするのです。東京から行く人もいるというのでバスを手配したのですが、たまたま依頼したバスの会社の名前が、なんと「MS観光」です。

こんな偶然ってあるのねぇと、みんなびっくりです。

さっそくその会社に頼んで打ち合わせをしていたら、なんと担当の営業マンの方は、私と同じ「藤川さん」で、またまたびっくり。きっと「ミラクルズ」を応援してくれる見えない力が働いてくれているのだとみんなで大騒ぎ。うれしい共時性でした。

ところが続きがありました。

こういうボランティアをコツコツやっていくと、

「藤川さん、あなたはそのうち6億円ぐらい動かす女になるわよ」

と仲間の一人が妙なことを言い出しました。6億円には大して意味がありません。あてずっぽうに6億円といっただけです。

「え、なによそれ？　冗談じゃないわよ」

と笑い話になったのですが、なぜかこの数字がストンと私の頭に入ったのでしょう。それ以来私の家の床の間に「1億円」とプリントされた紙箱を6個置くことになるのです。これがのちにとんでもない展開を見せ、この冗談話から、私は本当に6億円の自社ビルをもつことになるのです。

ポスター手に入る

暑い夏の日でした。初めて銀行の支店に行くことになりました。

これまでの銀行と違いホテル的な雰囲気です。事務員と二人で待合室の中をキョロキョロ見回していると、ふと壁に貼ってある大きなポスターが目に入ってきました。

すてきな南の海が印刷されていて、その上に大きな字で「ありがとうの海」とタイトルがあります。その横に、

「ありがとう」って不思議な言葉です。

声に出して言うと、

すぐまた「ありがとう」が言いたくなるようなことが起きる。
言われた人も、言った人もうれしい気持ちになる。
そのうれしい気持ちは、人から人へと広がっていく……。
きっと誰もが心の中に、無限の「ありがとうの海」を持っているのでしょうね。

なんともすてきな詩が書いてありました。
「このポスター、ほしいなー。サロンに飾りたいなぁー」と思ったのです。
そして2、3日後、たまたまこの銀行の営業マンがオフィスに訪ねて来た。
このポスターのことを彼に話し、
「シーズンが終わったら、頂けないでしょうか？」と頼んでみました。
「一応聞いてみますけど、多分無理ではないかな」とのご返事。
「でも大丈夫。一応聞いてみて」としつこく私。
「絶対大丈夫。絶対手に入る。絶対手に入る。ありがとうの海を手に入れられる」
そう願いました。
そうしたら、どうでしょう、

２日後、大きな筒の中に、私が望んでいた大きなポスター２枚と小さなポスター１枚が宅配便で送られてきました。

本当に嬉しかった。

営業マンさん、そして、潜在意識のパワーに心から感謝です。

モノに宿る想い

潜在意識によれば、人の思いは敏感に他人と通じ合います。人だけではありません。私は、猫や犬とも通じ合うことができました。さらには潜在意識の地下茎のようなつながりを想像すると、この意識はモノにも通じると体験からわかるようになりました。

モノの価値は、もちろん人それぞれです。その人にしかわからない価値というものが存在します。ほかの人にとってはガラクタでも、私にとってはパワーをくれる大切な宝物という場合が多々あります。私の周りに集まってきたモノたちは、いろんなことを教えてくれました。

何でもかなう壺

ある時、ボランティアの集いでバザーをやることになりました。

集まった品物の整理をしていると「10円コーナー」と仕分けされた箱の中に、手作りの陶

何でもかなう壺。色彩とカーブがすてき。

器の壺がありました。縦30センチ横40センチくらいの大きさで、ウェーブしたなんともいいようがない奇妙な形、色は赤の強いエンジです。ひときわ目を引きました。作者を知るよしもないけれど、どなたかが一生懸命心をこめて作ったんだろうと思うと、たった10円のガラクタ箱に入れるのがなんだかかわいそうになり、ついつい購入してしまいました。

私は20代のころ、手作りの手芸品などを売って収入を得ていたので、手作り品に対して愛着が強いというか、放っておけないのです。そうして家に持ち帰り飾ってみたものの、色がなかなか周囲とマッチしません。どうしようかと悩んだあげく、あっとひらめきました。

「これは何でもかなう壺にして使おう」

そう決めました。

それからというもの、私は、願いごとを紙に書いて、その壺に入れました。すると、不思議なことに、次から次へと願ったことがかなうのです。今では「何でもかなう壺」と呼び、使っています。この壺を作ってくれた見知らぬ作者に感謝します。

「何でもかなう壺」流行

仕事の会議でバリ島に行ったときのことです。

食事の会場から外に行こうとドアを開けると、通路に布を敷いた物売りの人たちが何人かいました。その一人に、壺を彫りながら座っているかわいらしい男の子がいました。たくさんの壺を並べていましたが、一つも売れていないようです。私は、例の「何でもかなう壺」を手に入れた時のことを思い出し、その真剣に彫っている姿にも打たれ、壺を一つ購入しました。黒檀の、なんともいえない輝きがあります。１００ドルほどの大きなのを買ったら、サービスで小さいのを一つプレゼントしてくれました。

食後のお茶を飲んでいる仲間のテーブルへ戻り、壺を買ったことを話したら、私の「何でもかなう壺」の話を知っているみんなが彼の店へと殺到し、その男の子の売っていた壺はあっという間に完売。バリの子供の商売を助けてあげたと思うと、嬉しくなりました。「何でもかなう壺」の余徳でした。

木彫りの仏像

バザーの出品物の整理をしていると、15センチくらいの木彫りの仏像が目につきました。値段は１００円。私はそれを見て、

「仏様がバザーの品に出されているなんて、許せない」と、100円を払って家に持ち帰りました。かわいそうですし、なんだか悲しそうな怖い顔をしていました。祖母が宗教心の厚い人だったので、私は幼いころから神様の存在を植えつけられていたのです。

さっそく家で飾ろうとしたのですが、仏壇も神棚もない家なのでどこに座っていただいたらいいものかと迷います。考えた末、クローゼットの中に1間半ほどの空きスペースを見つけたので、そこに座布団を敷いて置いてみたのですが、ポツンとしすぎていてなにかもの足りないのです。

「なにかないかな」と考えているうちに、あるお店で、ミニチュアのパルテノン宮殿風のインテリアグッズを売っているのを見つけ、それを据えてみたところ、みごとに大きさもぴったり。

あとで気づいたのですが、このミニチュア宮殿の形はどこかで見覚えがある……それはビジネスセミナーへ通う道中で、「こういう形のビル、すてきねぇ」といつも見ていた某新聞社の玄関でした。それがそっくり縮小された形だったのです。大きな5階建ての建物のミニチュア版の玄関が、私の仏様を守ってくれることになりました。

100円でもらわれてきた当初はなんだか怖い顔をしていた木彫りの仏様、悲しかったのかもしれませんが、今では不思議といいお顔になり、とても優しい目になりました。

お祈りアシスタント

たまたま木彫りの仏像がやってきて、クローゼットの中に祈りの場ができたので、毎日そこで祈るようになりました。祈りとは私の場合、瞑想も兼ねた静かな時間を意味します。

そのうちに、

「お祈りをする時、どんな仕草をすればいいのだろう？」

と、ふと疑問がわきます。

私には特定の宗教がありませんので、ふーんと考えこんでしまいました。

手を合わせて頭を下げればよいか。地面に頭をつければよいのか……。そういえば、祖母の場合は、拍子木を鳴らしながらお題目を唱えていたっけ……。

そんなある日、行きつけのリサイクルショップへ行くと、偶然、女性が祈っている姿の木彫りの人形を見つけました。

「あっ、この形がすてき！」

とてもきれいな祈りの姿に見えたので、それを買ってきました。

その美しいスタイルの女性は、私が留守の時も大切な私のアシスタントとして忠実に祈りを捧げてくれています。

「どうすればよいのだろう？」などと考えていると、自然にそれに関する答えが目の前にぱっと出現します。そうか、やはり私の潜在意識さんがずーと探してくれているんだ……そんなふうに感じられる一瞬なのです。

砂に描いた「∞（無限大）」

旅先できれいな海辺に行く機会があると、私はその美しい砂浜の砂を持ち帰り、家に帰ってその思い出に浸るのが大好き。珊瑚《さんご》の状態によって、砂の色もさまざま。珊瑚が多い美しい海の砂浜の砂は、とても白く、パウダーのようです。

そうやって持ち帰った砂の入ったペットボトルを眺めては、「なにかインテリアに使いたいな」とぼんやり思っていました。

別のある時、行きつけのリサイクルショップで、ぴったりのものを見つけました。ネイビーブルーの美しい海色のコンポートです。さっそく家に帰って砂を入れてみると、これがまことにいいのです。

その砂の上に毎日、「ひらめきは無限大」とつぶやきながら、「∞」のマークを指で砂の上になぞります。

不思議なことに、どんどん宇宙からひらめきが届くようです。宇宙と現実を結びつけるその橋渡しを、私がやっている……そう感じられる一瞬です。

「大いなる力」に向かって真剣に自分の思いを発信すれば、必ずこたえてくれる時が訪れます。自分の生まれてきた目的を真剣に追い求めている人は、それを受信できるのではないでしょうか。

ストーンサークルを作りたい

今後かなえたい夢が、私には２８３個あります。

そのうちの一つに、「祈りの場を作りたい」というものがあります。

円形の芝生の周りに花を植え、特に水仙、すみれ、チューリップを植えて、私のあこがれのイングリッシュ・ガーデンの中に作るのです。そしてその外周に点々と石を並べて円を作り、その中心に座って祈る……。円の直径は８８８センチ。これは、８の字が∞（無限大）に似ているから。一日の中でそんな時間が持てたら、どんなにいいでしょう。

そう決心して1週間も経たないうちに、たまたまテレビをつけるとアイルランドのストーンサークルが映し出されていました。

ストーンサークルについて私はよく知らなかったのですが、大昔からある不思議で巨大な石の遺跡だそうです。大きな石が円形に並び、しかも、石と石の間隔は全部1ストーンヤードという単位で並ぶのだそうですが、なんとそれが88センチ。その巨大な石に片手で触り、もう一方の手にはヒモにつるした石をぶら下げ、その石が動きだすまで巨石に触っているのです。そうすると石から宇宙のエネルギーが伝わり、思いがかなうというのです。なぜそうなのかは誰もわからないけれど、私が単純に、自分の祈りの場の周りに∞の形に似てる直径888センチの円を作ろう……と考えていた矢先だったので、へーっと驚いてしまいました。世の中には、まだまだ不思議でわからない世界がいっぱい。しかし、太古からの神秘的な、不思議なエネルギーの流れなどについて何も知らなくても、私はもっと気楽に楽しめるものだと思っています。

私にとって「祈り」とは、私たちが住んでいる世界と、それを動かす大いなる力との交信をする行為だと思います。目に見えない大いなる力へ向かって発信をするのが、「祈り」。大いなる力から、受信するのが「ひらめき」……そうとらえています。

どんな望みを抱いても、それをかなえるのは自分の努力ではない、無限のパワーにお任せするから実現できるのだと思います。きっと石は、不思議な力を人間に与えてくれるのでしょう。

信じられない恐ろしい話

リフレッシュ・セミナーでバリ島へ行くファーストクラスのラウンジで待っている時のことです。私の携帯のカメラアルバムを、猫好きのMさんの奥様に、

「ねえ、見て見て、私の猫」

と、猫のデコちゃんがIさんにおんぶしているショットをお見せしました。Iさんというのは、私の家の仕事を手伝ってくれている人です。

M夫人は

「まあ、かわいい！」

と言うと同時に、

「ねえ、もっとしっかり見せて」

と私の携帯をもぎ取りました。

それと同時に出た声は、

「やだー！　うそー！」

「恐ろしい！　鳥肌が立ってきた！」

とびっくりしたような声をはりあげるのです。

何のことかわからずにキョトンとしている私に続けざまに、

「ね、ね、この人、Oさんじゃない？　もしかしたらIさんって名乗っているかも……。お願いだから、すぐクビにして。頼むから」

とせっぱ詰まった声です。

なんだかわからないので、

「どうしたの？」

とお尋ねすると、このＩさんは大泥棒で、いま訴えようとしているのだとか。

Ｉさんは、ちょっと前までＭ家のお手伝いさんで、お金や着物など３０００万円相当を盗んでいったとのこと。狐につままれたような、びっくりの話。

私の家にやってきて半年ぐらい。とってもよくやってくれるので、にわかには信じられない。まさか、この人が？

以来、Ｍさんは、私に会うたびに、

「もう、辞めさせた？　早く辞めさせたほうがいいよ」

とおっしゃるのですが、Ｉさんが仕事をよくやってくれるので、辞めさせるのはかわいそうと、断れない私がいたのです。

そんなある日、Ｉさん本人から、

「一身上の都合で辞めさせてください」と言ってきました。

心の中で思うと、ちゃんと理想どおりになるのです。

すべて神様の言うとおり。神様、ありがとうございます。

夢で通帳が見つかる

海外旅行に行くことになりました。

何日か留守をするのでもしなにかあったらと思い、大事な一冊の通帳とキャッシングカードを隠して出かけました。

帰国して何日か経ったある日、その通帳の残高を確認しなければならなくなり、あれ、どこへしまっただろうと思い出そうにもすっかり忘れているのです。

思い当たるところはすべて探したけれど、見当たりません。

まるでカケスみたいと大笑いしました。カケスは大事なエサを隠し、隠した場所を忘れるので有名な鳥です。

しかし笑っている場合ではない。通帳からの引き落とし日は、もうすぐです。

「どうしよう？」

「どうしよう？」

銀行にお願いして再発行してもらおうか、いや、だらしないのがわかり、みっともないな……。

そんなある日、夢を見ました。

「社長。通帳ありましたよ」とみっちゃんの声。

「なーんだ。こんなとこにあったの」と私の声。

はっきりと覚えている朝方の夢。

その日、オフィスに出て、

「みっちゃん、今朝、通帳のあった夢を見たわよ」

「そうですか？」

あまり信じていない様子。

でも私は、

「今日探したら、ぜったい出てくる気がする」

と言って探しはじめました。そうしたら、もののみごと、

「なーんだ。こんなところ……」

というところに入っていました。

不思議な体験でした。

このような予知夢も、なにか大いなるものからのメッセージかもしれません。

天からもらったサイン

こんなエピソードをずらずら並べたのは、私は次のようなことを学んだからです。

それは、いろんな出来事が意味を持ってつながっている、ということでした。

バラバラだった綾とりの糸が、ある時、見事に一本につながる……そういう不思議な「共時性」を感じたのです。まったく関係のない二つのこと（時には三つ、四つ）が、別々に、かつ同時に進行して、それがある時、ピピッと一点でクロスするのです。

たとえば「サロンが欲しい」と願いつづけた時に感じたのは、まさにそういう典型的な例でした。

私が、「サロンが欲しい」と願いつづけたことと、それにぴったりの土地を持っている人が売りに出したこととは、まったく関連がありません。さらに、ある不動産業者の電話番号と私の目標の数字が偶然同じだったこと。その二つをつないでくれたのは、宅配係の女性だったこと――全部が全部、外面的にはつながりはありません。それぞれが独立した話です。

しかしある時、それらがぜんぶつながりました。

なんということだろう！

あとから思うと不思議なことですが、その道にはちゃんと道しるべがあって、私は道しるべどおりに「歩かされていた」と思えるのです。

もしそうだとすれば、人生にはこういうサインがいっぱいあるのではないでしょうか。

そうだとすれば、こういうサインを見落とさずに気づきたい……そう痛感したのです。

このように、その時々の自分の目標に対して呼応する印が、ぽーんと目に入ってくることがあります。電車の中吊り広告、ビルの看板、何気なく見ていたテレビ番組、本屋で見た本の表紙……自分の目標が、なぜかそれらの中にも象徴的に現れる時は、自分の目標が近づいてきている……私は、そう解釈するようになりました。

そうすると「共時性」とは、

「自分の身の回りに起こる出来事――いいことも悪いことも全部――の意味を読み取りなさい」

という天からのメッセージではないかと思うようになりました。ああ、そうだとすれば、これまで私は、どんなにぼんやりしていたことでしょう。それを受信できるようになれば、人生はもっと楽しくなっていく……そんな気がするようになったのです。

《第4章》潜在意識と共時性でわかったこと

だんだん見えてきた

人間の脳の中には、「顕在意識の世界」と「潜在意識の世界」とがあるそうです。

「顕在意識の世界」はたったの5パーセント、「潜在意識の世界」は95パーセントといわれています（このパーセンテージはまだはっきりわかっていることではなく、いろんな分け方があるそうです）。

海に浮かぶ氷山にたとえると、海の上に出ている部分が顕在意識。これは氷山全体からいえば、ほんのちょっぴり。海面下に沈んでいる部分が、潜在意識。こちらのほうが大きいのは誰にでも想像がつきますね。

どうやら私たちの脳のずっと奥底にある「潜在意識の世界」は、現実の外界となんらかのつながりがあるらしいのです。だからたとえば、

「ケーキが食べたいなあ」

と思っていたら、ちょうど来たお客さんがケーキを持ってきてくれた……、ある人のことを思っていたら、ちょうどその人から電話があった……というような不思議な偶然があるわけです。

そしてこれは特殊な例ではなく、誰にでも毎日、起きていることなのです。

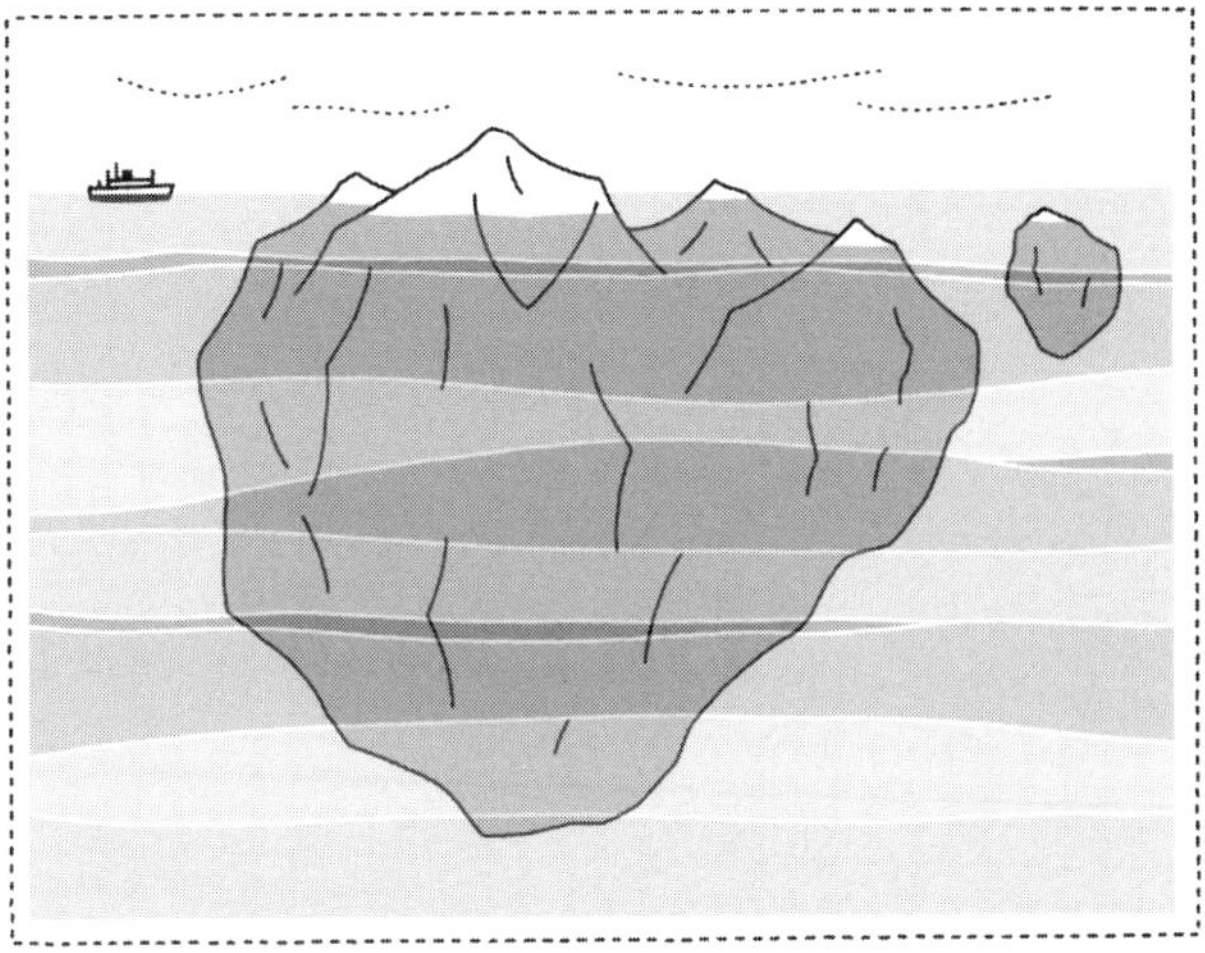

潜在意識は深いところでつながっている。

これを「共時性（シンクロニシティ）」というわけですが、心に思い浮かべたことと現実の出来事が一致する「意味ある偶然の一致」のことで、カール・G・ユングという心理学者の考えた概念です。

どうしてそんな不思議なことが起こるのでしょうか？

正直なところ、私にもよくわかりません。ただ、あと50年もすれば、「潜在意識」と「共時性」の関係やメカニズムを、誰かが解明してくれるでしょう。ただ、たとえばなぜファックスが届くのか、そのメカニズムは私にはまったくわかりませんが、便利だから使っています。それと同じことなのです。

私たちにはまだわからないことがたくさんあります。

この世で起こる現象の法則は、まだまだ解明されていないことがたくさんあります。いろいろな分野の学問は進歩してきましたが、心についての学問は、研究が始まって100年ほどしか経っていない。まだ新しい分野なのです。

「思いが実現する」ということに関しても、心理学の分野だけでなく脳科学の分野からも研究が進んでいるようですが、はっきりとこれだという結論は出ていないようです。

しかし、こういうことが言えそうです。

どうやら「潜在意識」というものが人間にはあり、自分のかなえたい望みを、紙やノートに何度も書き、口に出し、そのイメージを「潜在意識」に深く焼きつけると、やがてそれが現実になる……これはどうも本物だというのが、私の直感でした。

よく人間には、五感があるといいますね。

視る、聴く、嗅ぐ、味わう、触る……この五つの感覚が、五感です。それを超えたところが、「第六感」です。なにかがピーンときて、ものごとの本質を鋭くつかむ……そんな場合に、「第六感が働いたのね」などと、よく言います。

「潜在意識」というのは、どうやら、五感や第六感を超えた、もう一つ奥にある感覚らしいのです。

私がすごいなと思ったのは、自分が「潜在意識」とつながると、願いがかなうということでした。

夢を広げていくと潜在意識につながる？

子どものころ私は貧しかったこともあって、現実の世界にあっても、いつも夢を見ていました。ああしてこうしてと、自分の空想を際限もなく、自由奔放にどこまでも広げて遊んでいました。

あとになって思ったのですが、空想を広げ、どんどん勝手にイメージをするというのは、この「潜在意識」の入り口ぐらいにはつながっていたのではないかという気がするのです。もちろんそれはずっとあとになってそう感じたのですが、とにかく、そういう下地がとても濃くあったようです。

だから、酒井先生に、「潜在意識」のことを教えていただいた時、「そんなバカな！」とか「とんでもない！」などとは思いませんでした。なぜか、すっとその世界に入っていくことができたのです。

本を読んだりしてだんだん勉強していくと、この「潜在意識」という領域には、人類が誕生してから私たちが生まれるまでの、40億年分の記憶・情報が入っているらしいのです。ですから人間一人の頭の中には、はかりしれない可能性が眠っているのだそうです。

「わあ、すごい！　そんなら私の夢なんて、実現が簡単ね」

と感じたのです。

自分の力でやれることはせいぜい5パーセント、残り95パーセントはこの力のおかげ。

それならこの「潜在意識」にお願いをしよう。

「潜在意識」を〝道具〟として上手に使いこなしたら、うまくいくかもしれない……。

そうして私は、それに専念するようになりました。

一見不思議なことのようですが、簡単で、お金もかかりません。

誰にだってできる。

そうして続けていたから、今の私があると思っているのです。

どうやってアクセスするか

たとえば、「もっとやせたいわ」と思ったとします。

その時、やせたいと思うのは、ただ頭の中で考えていることですね。これが顕在意識です。

でもそれを本当にかなえてくれるプロセスは、「潜在意識の世界にある」というのが私の理解。

やせたい……それをじっと考え込んで実現させたいとします。

そうならばこうしたらいい、ああしたらいい、食べ物はこういうものがいい、夜は早めに寝たほうがいい、ヨガをしたほうがいい……何か「ひらめき」がやってきます。

それは「潜在意識」の世界からやってくるの。宇宙かなにか、大いなる世界に近いところからやってきます。そのことはいま詳しく触れません。とにかく「ひらめき」がやってくる。

それに沿ってやっていると、効率よくやせられる……私はそのことが実感できたのです。

仕事の場合も同じでした。これだけ売上げを上げたいと目標を立てると、しばらくしてから、こうしたほうがいいんじゃないの、ああしたほうがいいんじゃないのと、必ず「ひらめき」がやってきました。それを素直に実践してみると、うまくいく確率が高かったのです。

ちょっと順序に並べてみます。

①【目標を、はっきり決める】

何をしたいのか、何を望むのか、それをはっきり決める。

やせたいのなら、何キロぐらいか、いつまでか、どの部分かなど具体的に。

②【ノートに書き、口に出す】

目標を紙やノートに書き、口に出して、念じつづける。

その目標を、繰り返し心に刻みつけ、だんだん〝潜在意識にお任せ〟するのです。

しかし〝お任せ〟するからには、やはり深い層に入らなければいけないようです。

「やせたいわ」と今日思っても、明日で終わってしまえばなんにもなりません。よく失敗するのは、口だけで言っている場合。口先だけではダメ。そんなことができるわけがないとか、どうせあなたには無理よとか、〝悪魔のささやき〟が聞こえてくるから。悪魔は、人の決心をくじけさせるのが大好きなのだそうです。そのためにも真剣にノートに書くことです。ノートに書くときには否定的なことは書きません。これもポイントです。

③【視覚でイメージする】

目に見える形を作る……具体的な視覚に訴えると、人間はとても強く感じるから。

やせた自分を具体的にイメージする。自分のイメージに合うモデルさんのポスターを貼る。イメージに合った写真をとって手帳にはさみ、いつもそれを確認する。モデルさんの顔に、自分の写真を貼ってもいい。「自分を変えよう」「自分は変われるんだ」などの標語を部屋中にベタベタ貼って、自分の環境を変えるのもいい。

目標が具体的なモノの場合には、それがあるところへ出かけていって、そのモノに触ってみる。大きな机が欲しい時には、「これね」と手で触る。五感で、その実際の感触を味わう。

④【継続する】

朝、昼、晩、回数を決めてノートや紙に書く。おのおの10回ぐらい。やせたいのなら、食事前にいただきますをいうように、「私はやせます」と口にする。何キロやせたいのか、いつまでにやせたいのか……その内容、リミットを忘れないで。大きな目標の場合には、私はそれぞれ50回～１００回ぐらい実行しました。

⑤【肩の力を抜く】

肩の力を抜いて、ゆったりする。頑固に自分を主張していては何も起こりません。大事なのは目標をイメージし、書きつづけること。目標が実際に達成されるまでは、続けます。

⑥【「ひらめき」をキャッチする】

こういう流れの中で、なにかピピピとやってくるものがあります。

それを私は、「ひらめき」と呼んでいます。この「ひらめき」は、ちょっとしたアイディアではなく、もっと遠い潜在意識からやってくる本物であることが多いのです。

ふとしたサイン……「ひらめき」を受け取ったら、それ以後私は、「アイ・アム・キカイダー」(I am Kikaider) に徹します。あれこれ自分で悩まずに潜在意識にお任せして、自分の意思をぜんぶ捨てるのです。そして、ひらめきのとおりに動くのです。

あれはどう、これはどう……あっちはやめ、こっちにしなさい……などときたら、すべてそのままに動いてみるのです。

ところがこのひらめきをキャッチできないことがあります。忙しすぎる時、人はそのサインが感じられません。だから瞑想したり、ゆっくりリラックスする時間が必要なのです。

私の場合、時間があると、夜15分か20分ぐらいの時間をかけて瞑想します。これはヨガを勉強していたとき以来の習慣です。私の瞑想は宗教的なものではありませんが、クローゼットを祈りの場にしつらえ、毎日朝晩、そこに座って静かな時を過ごします。ひらめきは∞（無限大）と、このクローゼットに置いたコンポートの砂の上に書き、そして祈るのです。ときどき「チャンス」というシャネルの香水を撒《ま》いたりします。

⑦【ストン！　とくるポイント】

そういう繰り返しを続けていくと、ある時、ある場面で、突然、

「いける！」

「潜在意識に任せられた！」

というポイントがやってきます。

ストンと腑《ふ》に落ちる時点です。やせたいという自分の気持ちを、「潜在意識」に深く刻みつけられたときです。顕在意識の世界から潜在意識に移行できた瞬間、と私は受け取っています。この「ストン！」の気持ちに、しびれるのです。

この本のタイトルを「ストン！」としたのは、この感覚がいちばん大事だと思ったからです。これがやってくれば、もう大丈夫。あなたの願いは、きっとかないます。

⑧【障害がくる】

障害がやってきます。

５キロまではやせた……しかしどうしてもそれを超えない……だから、そこでストップする……そういうようなことが起こります。

ああ、これは無理かなと思うような瞬間です。へこたれては負けです。

大事な点は、まだ書きつづける、まだ口に出す……これです。障害を押しのけて継続するのです。恐らくこの障害というのは、

「こんなに障害があっても、あなたはまだ続けますか？」

と、神様があなたをテストしているのです。

土地とか家、融資を受けるといった大きな目標の場合はとくに、必ずといってもいいほど、障害がやってきました。苦しい時です。ここが胸突き八丁ですが、なにくそという信念でやりつづけるのです。

⑨【障害がきたら、成功が近い】

障害は、成功への予兆です。

そう思えば、人間なんとか続けられます。障害がきても慣れてくれば、これぐらいは平気です。もっとはっきりいえば、この障害を乗りきると成功の扉が開かれるような気がしま

す。だから障害がきたら、成功は間近だと思っています。普通の人は障害を前にすると、すぐ諦めます。

障害がやってきたら、もっと強く神様に祈るのです。祈りつづけるのです。

私の経験を急ぎ足でまとめてみましたが、こうした流れは、私の一つのパターンです。ですから、万人共通のものでないかもしれません。

それに、必ずこの順序でくるともいえません。どこかをジャンプするかもしれません。人によっては、違う別のパターンがあってもいいのです。ですから、潜在意識にアクセスしていく流れの目安、というぐらいに受け取ってくださいね。

「ストン！」とくる瞬間

「ストン！」ときた。

これが感じられれば、しめたもの。うれしい瞬間です。

ここが大事なポイントなのです。

これも私のたとえですが、水の入ったコップと石ころの入ったコップが、二つあります。

石ころは、やせたいという思いが詰まった石ころ。その石ころを、一つ一つ水のコップに移し替えます――石ころがほぼ全部水のコップに移り、コップの水があふれて石ころと入れ替わった――その時、深い層に入ったといえるのです。その層に深く入った状態……ストンと入った状態が、「潜在意識にお任せ」できた形なのです。

ごく最近の例ですが、私は東京・巣鴨の土地を手に入れ、そこに念願のビルを建てました。

その時、私は土地を手にする状況を一生懸命イメージし、

コップの中身が入れ替わるとき……

「手に入る、手に入る」

と毎日祈りました。

それを繰り返し、半年間ほど、ずっと祈りつづけました。前に挙げたコップの例にたとえると、潜在意識の深いところで、水入りのコップと石ころのコップが入れ替わるような瞬間を待っていたのです。

あの時、私は、

「神様、この土地を手に入れることで、私の未来が開かれるのなら、どうぞあの土地を私に与えてください」

と祈りました。祈っても祈っても、それでも不安が湧いてきます。

銀行は大金は出せない、地主さんは値引きはできない、1カ月以内だよと期限を切られ、ワンルームマンション業者という対抗馬も現れました。マイナスポイントがぞくぞくやってきます。障害のてんこ盛りです。

それでも私は、願いを繰り返し、口に出していきました。

するとある時、地主さんが、

「半年待ってあげよう」と言いはじめました。

銀行の担当者は、

「あなたのビジョンをもっと詳しくいってごらんなさい」

と協力的になりました。

理解ある地主さんが、

「女手一つでがんばるねえ」

と言って、2千万円値引きをしてくれました。あとで聞くと、「これは奇跡だった」そうです。

そうしていると、その延長上に、

「やったあ！」

という瞬間がやってきました。なにか天使が降りてきて、

「わかりました。承知しましたよ」

という不思議な合図が来たのです。まるで天使と私がバトンタッチをしたような感じです。

それが私の感じつづけている「ストン！」です。

あの合図は、祈りつづけ、それを超えたあるポイントで、ビビビッとくるのです。

神様が
「大丈夫だよ」

とオーケーを出した瞬間です。まるで天から降ってきたような、祈りの力がやっと届いたような瞬間なのです。

この「ストン！」という感触がわかれば、もう大丈夫。もちろん一回や二回ではやってきません。でも、この実感を、これまでに何人もの人が体験しています。

リラックスする

猫を撫《な》でたり体をのんびり緩《ゆる》めたり、散歩をしたり、何もしないでぼーっとしている……心を落ち着けてじっとしていることが、直感力を強化するためにとても大事なことでした。

酒井先生は、日向ぼっこしたりぼーっとしている時にひらめくことが多いそうです。昔読んだ新聞の記事がふと頭に浮び、それが思わぬヒントとなって現在かかえている問題の突破口になることがあるというのです。

日向ぼっこのあたたかさは、誰にでも平等に降り注ぎますね。貧乏や学歴でも収入の違いでもなく、お日様はみんなに同じく陽光を与えてくれます。運が悪いとか、縁がないとか、もう年だ、というような言いわけは通用しません。リラックスして自分の目標だけを考えていればいいのです。肩の力を抜いただけ神様の力がやってくるというわけでしょう。そのとおりでいいのです。

4畳半で猫をつかまえる

リラックスの一例を挙げておきます。

私の欠点は、気が短いところです。4畳半ほどの狭い部屋で猫をつかまえようとする時、焦ってすぐに手を伸ばし、一生懸命つかまえようとします。すると、猫は不思議なくらいつかまりません。かえって、ゼーハー息切れするだけ。

私はちょっと学習しました。手を伸ばさず、部屋の中央に静かに座ってただ膝《ひざ》をトントン指でたたきます。するとそのうち猫のほうでも気になって、だんだんと近寄ってきます。それでもまだ手を伸ばしてつかまえようとしてはダメ。そのままトントンを続けていると、ついに膝の上に乗ってきます。あとはそっと手を添えるだけでいいのです。

なにごとも焦るとよくありません。じっと座ってのんびり膝をトントンとしているくらいの余裕を持つことが大切でした。膝に乗ってきた猫は気持ちがよくなって、最後には眠ってしまいます。

潜在意識でも人に対する場合でも、そのくらいリラックスしていたら、なんでもあなたの思いどおりスムーズに成功するでしょう。

イメージを先取りする

大事なことは、「未来をありありとイメージする」ことだと気がつきました。

「やせたいわ」という願いも、ありありとそうなった自分の姿をイメージしてみてください。この働きはバカにはできないのです。

私は、まだかなっていない望みや手に入れていないものについては、〝リハーサル〟をすることにしています。すると一歩も二歩も実現に近づくのです。私はこれを「先取り体験」と呼んでいますが、簡単にいえば、〝まねっこ〟です。手に入れたふりをするのです。ふりをするだけならお金もかからないし、簡単です。なによりこれが楽しいのです。私は、五感をフルに使って、先取り体験を味わいます。

ふりとはいえ、本気でするふりです。

とても高価で、すぐには買えそうもない高級バッグが欲しくなったら、私はそのブランドのお店に行き、そのバッグを持ってみます。持つだけ。

「そうか、こんな感じなのね」

それを、手触り、匂い、鏡に映った自分の姿、すべてを五感で感じ取り、自分の60兆個の細胞のすみずみまでに、その感覚が行き渡るように「先取り体験」しておくのです。

いいえ、そんなことをするのは、暇つぶしではありません。

まず、とっても楽しいから。心の中で何を想像するか……それくらいは、その人のまったくの自由ですから。

もっと大きな理由は、お店で値札がついていても、そのバッグの感覚を潜在意識に「ストン！」と入れさせるためなのです。

潜在意識には、過去と未来の区別がないそうです。

潜在意識が、人の「今」と「未来」を創っている……しかもその潜在意識は、目の前の現実と空想との区別がつかないらしい。

「そうか、潜在意識さんは、現在と未来をごちゃまぜにしているのか」

わあーい、もしそうなら、一度、潜在意識に入ってしまったものは、近いうちになんらかの形であなたのものになるはずです。

そうでしょう？　わくわくしてきませんか？

どうせなら、頭の中に明るい未来をイメージすることを心がけたい……。

これは精神論ではないのです。そのようにイメージしつづけると、脳は、そのイメージを現実世界に近づけるように、その人の人生を形作ってくれるようなのです。だからその結果が、いろいろな「共時性」という現象で起こってくるのでしょう。ここが大事なのだと私は思いました。

逆に、

「やっぱりだめかもしれない」

と不安を持つと、その不安どおりになってしまうわけです。

つまりこの人生は、

「その人がイメージしたそのとおりの未来になっていく」

というわけです。

だから、まだ手に入っていないヴィトンのバッグでも、そう念じつづけ、その感触が
「ストン！」

と入れば、しめたものなのです。一度潜在意識に入ってしまったものは、近いうちになんらかの形であなたのものになるのです。

先日、日本でも有数の億万長者にお会いする機会がありました。

その方がしていた珍しい真珠の指輪や14カラットのダイヤモンドの指輪を、ちょっとお借りして写真を撮らせていただきました。そして、その写真をいつも眺めています。

もっともこの場合、私が特に宝石好きでもなく、その宝石が欲しくてやったのではありません。「こんな宝石が似合う状況に囲まれたい」という思いを込めて、「先取り体験」をしたのです。

家でグチグチ悩んでいるよりも、私はそうやってすてきな空間に出かけていき、自分にできる範囲で豊かな体験をすることにしています。

たとえば飛行機に乗るには、4200円足せばスーパーシートにしてもらえる。そうするとちょっと前までは、ラウンジというのがあってそこは飲み物が飲み放題だったのですが、私の狙いは、そのラウンジにいる雰囲気を味わうことでした。お金持ちの方々と同じ空気を吸うのです。

家で暗くしょぼくれている時は、どこかすてきなホテルでお茶を一杯飲んでくる。お茶一杯千円が高いかどうかではなくて、目的はその空間にいること。その空間を自分のリビングだと想定して、頭の中にイメージを描けば、豊かな未来を描くことができるのです。

そうやって私は、頭の中に明るい未来をイメージしつづけることを、楽しんでいるのです。

色画用紙で作ったパーティー会場

横浜のロイヤルパークホテルで、営業のためのイベントを計画した時のことです。「エキサイティング・パーティー」と銘打ち、当初の見込みでは２００～４００人くらいの会場にしようと思っていました。しかし準備を進めていくうちに、最終的には思い切って他のお客さんと合同ではない６００人の部屋を用意することになりました。

でも予約をとっているうちに、さすがに不安になってきました。もし券が売れ残ってしまったら……。やはり４００人くらいの規模にしておいたほうがよかったのだろうか？　このままでいいだろうか？　どうしたらいいんだろう？　と悩んでいました。

そんなある日、ふとひらめいたのです。

「先取りで、パーティー会場を作ろう」

さっそく色画用紙で、10人用の円形テーブルを60枚、つまり６００席が満席になっている状態を作りました。そして毎日毎日その円形の紙を見て、「満席おめでとう」と言いながら、席が埋まった様子をイメージ。すると、とっても簡単そうに思えてきました。何日もやっているうちに、

「たったこれだけのこと、簡単、簡単」

という言葉が、頭の中に浮かんできました。

そしてパーティー券の販売をスタートしてみると、1カ月も前に、600席分すべて完売してしまったのです。これも「先取り体験」のおかげなのです。

何にでも、誰にでも使える

こうして私は、だんだん深みにはまっていきました。

「潜在意識」と「共時性」が、私にはどんどん面白くなったのです。

「自分が何をしたいのか」をまず決め、そのゴールをイメージし、それを思いつづけ、どうやってそこへたどり着くかは「潜在意識」にお任せして、あとはワクワクしながら待つだけです。

どうやったら到達するのか、わからなくてもいい。

夢を追う気持ちさえ持っていれば、そのために必要な人脈、費用、場所、情報などが、「意味ある偶然の一致」(共時性)によって引き寄せられてくるからです。

私の場合にはたまたまの縁で健康食品の販売をするようになりましたが、この方法を使えば、どんな職業でも、どんな状況の人でも、きっと成功できると思うようになりました。どんな人でも、どんな目的でも活用できるはず……この思いは、ますます深くなりました。そして、こんな面白い経験を、一人占めにはできない。もったいない。多くの人に伝えなければいけないと思ったのです。

私によかったのは、あまり取り越し苦労をしなかったこと。

できないんじゃないか、資金繰りがうまくいかないんじゃないかという疑問は、放っておきました。人間は取り越し苦労をしはじめると、どんどんマイナスの面を考えてしまいます。「夢」なんか追い求めないほうがいい理由を、たくさん考えてしまうのです。自分に足りないものなんて、それこそ無限に挙げることができます。ですから、自分が本当は何を求めているのか、それに気づいている人はいそうでも、なかなかいないのです。

単純なことなのです。

自分が「何をしたいのか」を真剣に考え、そして決めることです。

自分で答えを求めなければ、ついつい他人が作った人生を生きることになってしまいます。

なぜなら私たちの周囲には、いくらでも暗いニュースが飛び交って、それが否定的な人生観となってこびりついているのです。

「こうなったらどうしよう？」

という不安が、知らず知らずのうちに「潜在意識」に入り込んで、それがその人の人生を作っているからです。

私はそうはしませんでした。自分で「自分はどうなりたいか」ばかりを考えていました。「夢がかなう人」とは、毎日毎日かなうまで自分の夢を心に思い描きつづけている人なのです。

◎結果が出るには、3カ月ぐらい

私が実践してみて思ったのは、願いがかなうには早い時は一瞬です。そして3日や1週間くらいで結果が出ることもありますが、だいたい3カ月くらいではないでしょうか。

散歩の途中でふと思ったのですが、よく昔から「お百度参り」と言われてきました。あれは、

「100回お願いすると、願いが実現する」ということではないでしょうか。

「まるで潜在意識の場合と同じだわ」

とピンときました。

私はお百度参りはしたことはないのですが、たしかに100日間（約3カ月）願いつづけ、紙に書きつづけていれば、願いはかないそうだということが体験的にわかってきました。紙に書く時間がない時は、書いたものを読み上げるだけでもいいのです。

もちろん大きな夢や、本当に人生を大きく変える共時性は、５年10年の単位でやってくることも確かなことです。今の自分には難しいけれど、絶対にかなえたいことは、そのくらいの期間、願いつづけなければならないようです。

潜在意識の力は「火事場の馬鹿力」です。

普段ならとうてい持ち上げられないような重いタンスでも、火事の時には背負って逃げる……。

それと同じで、人間は追い詰められた状況の時、本当に心から求める時、潜在意識に力をお借りして奇跡を起こすのではないでしょうか。

ぬるま湯につかったような状況で、「……になればいいなあ」というくらいの気持ちでは、なかなか奇跡は起きそうもありません。

「ひらめき」はその日の分だけ

「ひらめき」もまた、大事になってきました。

ひらめくことが多くなってきたのです。ひらめきとはつまり、自分の直感です。

俗に〝ひらめきがくる〟と言いますね。具体的にどんな感じなのかと尋ねられることが多いのですが、それは、なにかピピピッという感覚でくるのです。

どうしても成し遂げたいことを願いつづけていると、ある時、そのためにどう行動すればいいのかを示唆する「ひらめき」が訪れます。

その前に、「どうしたらいいのかしら？」と潜在意識に宿題を出しておくのですが、すると、インスピレーションとでもいうのでしょうか、ビビッとひらめくのです。それが、まったく脈絡のないアイディアだったりすることもあって、私は宇宙から「ひらめきが飛んでくる……」と思っています。

コップに水を注いでいると、やがて水が満ち、コップからあふれ出してくる瞬間があります。そのような感覚で、自分の奥深いところにある潜在意識に、

「ストン！」

と入った感触が、やってきます。

「お、これはいける！」

と思う瞬間ですが、そのとき、それまで考えたこともなかったような「ひらめき」がビビッと訪れるのです。

それでも、「ひらめきはその日の分」しかありません。

信じて行動を起こしてみれば、それだけ早く波に乗ることができます。自分の予想外のことが、あなたを待っているかもしれません。なにかがやってきたら、さっとつかめ。迷わな

いで、アクションを起こしていけというのが成功の秘訣のようです。

よく昔から、

「チャンスの神様は前髪だけ」

と言われますが、ひらめきがきたらその日のうちに行動に移せ、ということと通じるのかもしれません。せっかくひらめいたアイディアをすぐに実行に移せないでいると、自分の中のエネルギーがよどんでしまう気がします。

だんだんに、好奇心がなくなってしまったり、「どうせこんなアイディア、ありふれている」とか、「どうせできっこない」とか、マイナス思考に傾いてしまうのです。

そのうち雑用にまぎれて、やらなくてもいい理由が目を覚まします。ですから直感をばかにして、どうせ無理さと行動を起こさないでいると、そのうち「ひらめき」は消えてしまいます。

もし神様という存在がいるのなら、神様が「ひらめき」をくれて、

「これをやってごらん」

「そこに行ってみたらどう？」

とアドバイスを与えているのです。

それを活かさない人だったら、あげてもしかたないと思うのではないでしょうか。

何も反応がなかったら、神様は、

「この人は、本当は望んでいないのだ」

と判断し、ヒントを与えるのがいやになってしまうのかもしれません。

私の周囲の人々を見ても、「ひらめき」を活かす人のところには、さらにどんどん「ひらめき」がきているように見えます。実際は、すべての人に平等に「ひらめき」はきているのです。

ですから、「ひらめき」、つまり直感力を養うことが大事です。その気があれば、どんどん直感力が養われていくようです。

ひらめきに気がつく

たとえば直感が研《と》ぎ澄まされてくると、こんなことがありました。

お世話になっている方が紹介してくれたホテルに泊まった時のことです。

部屋の中を見回すと、何かすごく気になるものがあります。テレビの上にきれいなお花のバスケットが置いてあるのです。とてもすてきなお部屋だったので、単にその部屋の飾りとも見えたのですが、どうもその花が何か訴えかけてくる気がする……。

メッセージカードのようなものも何もないし、変だとは思ったのですが、一応フロントに聞いてみました。すると、そんな飾りはないはずですとの返事。

係の人が調べてくれた結果、そのホテルを紹介してくださった方から私へのプレゼントだったことがわかりました。しかし、何の伝言もメッセージもなかったので、私が疑問に思わなければそのままになったことでしょう。それではせっかくプレゼントしてくださった方にお礼も言えなかったでしょう。「ひらめき」が教えてくれたことに感謝です。

「ひらめき」を得るには、「アンテナ」が必要です。感受性と言い換えてもいいでしょう。直感を重視する人は、だんだん意識が鋭敏になってきます。ささいなことでも見逃さなくなるのです。それが、「ひらめき」の頻度を高めるということです。

私にとってこのことがなぜ大事かというと、このような直感に従うことで、次々と共時性が起こりはじめるということでした。

新しいアイディアがひらめきはじめる。それを行動に移していると、予想もしなかったラッキーな共時性が起こりはじめ、自分に必要なものが向こうからやってくるのです。

ひらめきや偶然の出会いから始まったことが、あとから考えてみれば、「あのことがなければ、まったく違った人生になっていた……」と思うようなことは、誰にでも思い当たりますよね。

偶然の出会いでもまずは先のことは深く考えないで、それを楽しんでみることですね。そうしてアクションを起こしていく人の人生は、どんどん楽しいほうへ展開していきます。

そうなってしまえば、「偶然」は単なる「偶然」ではなく、「必然」になります。「ささいなこと」と見過ごしていれば、人生は停滞したまま。いつまでたっても先に進んでいきません。

形見の品

営業の仕事を始めた当初からのつきあいで、15年来の友人だったKさんが、突然天国へ召されてしまいました。口調こそ男っぽい反面、涙もろく、悲しい話を聞いてはすぐもらい泣きしていた彼女。私のいちばんの親友でした。突然の死に、信じられない思いと悲しい気持ちでいっぱいでした。1年後Kさんを〝偲《しの》ぶ会〟が催され、もちろん私も出席したのですが、なにか形ばかりの会という気分が残り、心が晴れません。モヤモヤが続いていました。

しかし〝偲ぶ会〟から1週間ほどして、信じられない出来事が起こったのです。

行きつけのリサイクルショップに行った時のこと、店内を一巡してさて帰ろうかと出口のほうへ歩きはじめた時、なぜか背中にピピピッと視線を感じたのです。

まるで誰かが私を呼んでいるように感じ、振り返ると見覚えのある誰かが立っています。私は、その人の前にふらふらと歩かされていました。するとそこに、Kさんが立っているではありませんか。

その正体はKさんの服を着たマネキンでした。Kさんの着ていたウンガロの洋服、Kさんの履いていた黒いエナメルの靴……。

なぜ？　どうしてここに？　ここは私の地元の坂戸。Kさんの家はここから電車を乗り継いで1時間ほども離れた所沢です。そしてKさんは今、天国……。

頭の中に、次から次へと「？」が湧いてきました。

さらにそのマネキンのある一角には、あれもこれも見覚えのある、Kさんが身につけていたものが並んでいるではありませんか。クリーニングのネームタグを見ると、案の定、「K」とサインがあり、それを見たとたん涙があふれて止まりませんでした。私のすべての細胞から涙があふれ出てきました。

店の隅っこで、座り込んで泣いている私を見た友人が、

「藤川さん、どうしたの？」

と何事が起こったのかと不思議そうに声をかけてくれましたが、

「これ見て。Kさんのコーナー……」

と言うのが精一杯で、あとは言葉になりませんでした。

家に帰ってから、

「そうだ、仲間みんなにKさんの形見を分けよう」

とひらめきました。

そして2週間後。Kさんにご縁のある方々に喜んでもらおうとミニオークションを開き、やっとワイワイにぎやかにKさんの形見分けをすることができました。

リサイクルショップで感じた何かは、

「いつまでも悲しんでいないで、形見の品をみんなに渡してね」

というKさんの天界からのメッセージだったのです。それと同時に、天国とこの地上がつながっていることをKさんは教えてくれたのです。

〝動かされている自分〟を感じた出来事でした。

他人には言わない

よいひらめきが訪れた時には、しばらくは周囲の人に言わないほうがいい……それが私の持論です。もし、あなたがそれを人に話したとしても、おそらく励ましてくれる人は少ないでしょう。周りの人はあなたのためによかれと思って、現実的な、従ってマイナス面の多い指摘をするのではないでしょうか。そんなことで心がしぼんでしまうのはもったいないからです。

自分の人生を生きるためには「諦め上手」になる前に、自分のひらめきを信じて行動に移してみたほうが楽しいのです。「自分の環境でなければ、自分の潜在意識は働かない」のですから。人の意見ばかり聞いていていては、本当の自分の気持ちが生まれません。他人の人生を生きることになってしまいます。

波動のいい人

「ひらめき」が飛んでくるのは、たいてい明け方です。

それは、自分の波動がよい時、ひらめくのです。

波動がよいとはどういうことでしょうか？

私は、波動というものが、たしかに存在すると思っています。

たとえば、つぶれた理髪店の店舗の跡地にラーメン屋さんが開店しても、またすぐにつぶれてしまうということがあります。その場合は、その土地自体の波動の悪さと関係しているようです。このように物事のよしあしには、波動のよしあしが関連しているようです。土地とか気候とか、大きなものを変えるのは難問でしょうが、こと人間の波動は変えることができます。

悲観的だったり、心にダメージを受けていたり、暗い感じの人は、悪い波動を出しているそうです。話してみれば明るい人なのかもしれないけれど、ぱっと見てすごく暗い印象の人。また、口から出てくる言葉が、いつも悲観的で、謙遜《けんそん》してばかりいる人。または、なにかにつけて悪いほう悪いほうへと考える癖のある人。その人から醸《かも》し出されるエネルギー、目に見えないオーラ（生体エネルギー）というのでしょうか、そういう人は、よい波動を出してはいません。

自分がマイナスのエネルギーを出していれば、近寄ってくるものもマイナスのものがくっついてきます。

明るい人の友達は、なぜかみんな明るいでしょう？　暗い人は暗い人同士、明るい人は明るい人同士で集まるのです。

同じ波動は同調するのですって。

私がいつも心がけていることは、頭の中で常に楽しいことを考えるようにすること。そうしてよい波動を保つようにしています。

たとえば家の中で夫とケンカになりそうな時、私はたとえ自分が悪くなくても、先に謝ってケンカにならないようにします。今では夫は仕事をリタイアしましたが、勤めていたころは仕事のストレスでピリピリして、八つ当たりされることもありました。しかし私は、仕事や勉強に関係ないことなら、あ、そうですね、と逆らわずケンカにならないようにしていました。文句を言われても、それについてよしあしをディスカッションすると、人はついつい悪い波動を出してしまう……つまり自分の心が悪い環境に入り、場の雰囲気も悪くなるものです。だから、これはもったいないと思うのです。

たとえ夫婦でも、性格や価値観の違う点はたくさんあります。私は動物が好き、だけど夫は嫌い。夫は神経質で、車に乗る前に掃除し、乗ったあとも掃除。私は車の掃除なんかめったにしない……。まったく違うのだから、トラブルになるのは当然です。でもトラブルになってケンカになると、雰囲気までが壊れます。だったらなんでもいい、私が先に謝ってしまえばすむことなんだわ、と思うことにしています。たまに、

「おまえはいつも謝っているけど、顔が笑っているよ」

と指摘されますが、心がいちいち影響を受けていないのですから、それでいいのです。そうやって、私はいつも心のテンションを上げ、波動をよくしようと心がけてきました。そうやって、生活を楽しんでいなければ、「ひらめき」もラッキーな「共時性」も感じられないのです。

実際に、ラッキーな共時性がきてくれる時というのは、自分の波動がよい時、つまり暗くなっていたりイライラ怒ったりしていないで、心が穏やかな明るい状態の時が多いようです。

先にご紹介した「サロン」を手に入れた時の話を思い出して下さい。

たまたま宅配便の係としてやってきた女性が、荷物の箱を一つ落っことしてしまいます。その時私は、「まったくもう、壊れ物だったらどうするのよ」とプリプリ文句を言おうかと一

瞬思いました。しかし、彼女が私の好きなフリル付きの水玉模様の日傘をさしていたので、思わず文句の代わりに、「あら素敵な傘ねぇ」という言葉が、笑顔と共に出てきてしまったのです。

もしこの時、私が彼女を責めるような言葉を口から出してしまっていたら、それはたしかに正しいし当然の権利だったかもしれませんが、彼女の手落ちを怒ってイライラしてしまっていたら、彼女とその後友人関係になることはなかったでしょう。そして、サロン用の物件を探そうとしても、うまくいかなかったと思います。実際、その時はおとり物件しか出してもらえず、行き詰まっていたのですから。宅配係の彼女と仲良くなっていたからこそ、ラッキーな共時性が起きてスムーズに事が運んだのです。

このようにイライラ怒ったりしないで、心の穏やかな明るい状態を、「波動がいい」というのならば、これは誰にでもできることなのです。お金がなくても、学歴がなくても、どんな境遇にいようとも。

魔法の言葉

私も、不安になったり、迷いが生じたりすることはしょっちゅうあります。そんな時は、意識的に心を奮い立たせるのです。

人間の脳は、どんどん悪いこと、マイナスのこと、暗いことを考えてしまう癖を持っているそうです。そして、その暗い想念は潜在意識に入り、危惧《きぐ》したとおりの未来となってしまうそうです。ですから、意図的に意識を切り替える必要があります。

仕事を始めて2〜3年、なかなか業績は思うように伸びませんでした。そんな時、耳元で悪魔のささやきや笑い声が聞こえてきました。

「ほら、みなさい。営業なんてあなたにはできない世界なんだよ」

悪魔のささやきが、私の足を引っ張っていました。

私はくじけそうになった時、いつも口に出して何度も言う言葉があります。落ち込んだ心を拾い上げてくれる、元気を与えてくれる言葉なので、私は「魔法の言葉」と呼んでいます。

☆**「すべてスムーズにうまくいく」**

心配なことがある時、トラブルが発生しそうな時、いつもこの言葉を3回は唱えます。

すべてスムーズにうまくいく
すべてスムーズにうまくいく
すべてスムーズにうまくいく

☆**「絶対だいじょうぶ」**　いやな夢を見た時、いやなことが起こりそうな時、困った時など、何回も何回も、「絶対だいじょうぶ」と声を出して言いつづけます。

☆**「やったね、万歳！」**　先取りするときの言葉です。

☆**「神様、ありがとう！」**　これも同じ。

☆**「感謝!!」**　何かしてもらいたい時、できたらいいなと思う時、神様に先にお礼を言います。

☆**「うまくいったね!!」**　かなった時の嬉しさを思い浮かべ、先取りして言います。

☆**「瞬間立ち上がり賞！」**　困ったことに遭遇した時、乗り越えるエネルギーをくれる言葉です。

「不幸なことになってしまうのではないかしら」「このままだったら、どうなってしまうのだろう？」という不安に陥った時、目の前のことを一生懸命やり遂げるために、自分で自分に賞をあげるのです。できれば笑顔であげるのが最高。やせ我慢でもいい。すると、その言葉に、気持ちがついていくようになります。

☆**「1ミリでも前進！」**

これもよく使います。

「今月の月末だけ乗り切ろう」でもいいのです。1カ月が長すぎるなら、今週だけ、今日だけでもいいのです。本当に苦しい時は、いまそこにあるハードルだけ乗り切ればいいのです。
ほとんどの人は、今月もまだ乗り切っていないのに、２カ月、３カ月、１年も先のことを考えて、取り越し苦労ばかりしてしまうのです。ひどい人は10年も先のことを悩んだり……。

☆

「毎日あらゆる面で、私はますますよくなっていきます」

これは、オールマイティーに使える言葉です。酒井先生に教えていただいた言葉で、元はエミール・クーエという学者の言葉だそうです。

私たちは、一人で何役もこなしています。妻、母、娘、そのほかに仕事をこなし、趣味やお稽古事をしたり……。日々の生活の中で、この願いをかなえたい、あれもうまくいってほしい、これもうまくいってほしい……ときどきパニックになることも。

そんな時、あせらず落ち着いて、

「毎日あらゆる面で、私はますますよくなっていきます」

と口に出してみてください。すべての面でかならずよくなっていきますから。

☆

「私の未来が開かれるのでしたら、どうぞ神様、与えてください」

物事を成し遂げる過程で、当然なんらかの障害が発生することがあります。
そんなとき、すぐに諦めてしまうのではなくて、

「私は今、試されている」

と思うようになりました。

すぐに諦めたり、代わりのものを探し求めるのではなく、

「私の未来が開かれるのでしたら、与えてください」

ともう一度、潜在意識にお願いしてみるのです。

サロン用の不動産物件がなかなか手に入らなかった時、私はがっかりする気持ちを抑え、この言葉を祈りつづけたことは、もう書きました。

「あの土地を手に入れることによって、私の未来が開けるのでしたら、どうぞあの土地を私に与えてください」

1週間後、先方から、

「至急買ってください」という連絡があったのです。


不安や憎しみで大切な心をふさぐのは、もったいないと思いませんか。相手がどうの、環境がどうのと外に理由を見つけるのではなく、自分がどうしたいかなのです。自分の心を上向きにさせてあげましょう。

簡単に実行できること

①**「売約済み」の札……**物を売る仕事をしている人に特にお薦めのアイディア。小さい紙に（私は赤い紙を使っていますが）「売約済み」と書き、売りたい商品に貼っておくのです。その札のついたものを、自然に人の目に入る場所に置く。それだけで、近いうちに必ず売れるはずです。できれば、隅っこに「○○様」と、誰でも思いついた人の名前を書いておきます。すると、実際には書いた名前の人ではなくても、商品は売れていきます。

②**大入袋を財布に入れる……**大入袋と書かれた袋をいつも財布に入れておく。不思議にお金が入ってきます。

③**「ここに物を置くな」という指示……**指輪をしまう時、皿を積み重ねる時、ここに置いたらなくなるよ、壊れるよ……ふとそう感じた時には、絶対そうしない！　違う場所に置くこと。あとで必ずあわてて探したりする羽目になります。ひらめきに忠実になりましょう。

④**探し物は潜在意識に任せる……**夢で通帳が見つかったように。

⑤**カレンダーには花マルを……**いつも見ているカレンダーに、大安吉日などを意識せずに

赤い花丸を付けてみる。いいことがあったと家に帰ってみると、花丸の日が多い。

⑥60兆個の細胞に願いを感じさせる……ほしいと夢見ている品物を「先取り体験」したいとき、五感を活用して全身の細胞に覚えこませる。

⑦先取りして、なりたい自分になる……スリムになりたい、この洋服が着たい――スリムになって、それを着ている自分をイメージする。

⑧人の名前を簡単に覚えたい……鈴木さん、鈴木さん、鈴木さん、と3回言う。

⑨買い物で、買い忘れないように……マヨネーズを買う、マヨネーズを買う、マヨネーズを買う、と3回繰り返す。傘もって帰る、傘もって帰る、傘もって帰るなど。忘れそうになると、潜在意識が合図をしてくれます。よく効きます。

⑩「ぜったいにそんなことはない！」……悪い予知がきたら、しっかり否定する。とても大事なこと。

3本指のテクニック

ある潜在意識の訓練で、親指・人差し指・中指の3本をくっつけると、かなえたいことがすばやくかなうというテクニックを教えてもらいました。「3本指のテクニック」です。

たとえば電車に乗って座席に座りたいという場合には、このテクニックを使うと席はすぐ取れます。これは簡単です。私の住んでいる坂戸から電車に乗って東京へ出ていくのに、約1時間ほどかかります。年とともに車中をずっと立っていくのがとてもつらくなりました。そういう時に、そうだ、と3本指のテクニックを思い出し、

「座っていける」

と念じながら、指3本をつき合わせるのです。

そうすると不思議なことに、必ず座れます。バスでも電車でも、いつでもです。これをお年寄りの皆さんに教えてあげて、喜ばれています。どうぞ、試してみてくださいね。

▨人を呪わば穴二つ

「潜在意識」とか「共時性」というと、なにか特別なことのように思ってしまいますが、実は誰にでも平等に、毎日のように起きていることだと気がつきました。特別なことではないのです。

しかし、言葉の力は「諸刃《もろは》の刃《やいば》」だということも、わかってきました。自分にとって、よいことも悪いことも、発した言葉が自分にはね返ってくるからです。

「言霊《ことだま》」というものが、本当にあるのでしょうか。

いったん発した言葉は、自分の潜在意識はもちろん、物質にもそれが伝わるのかもしれれま

せん。言葉を声に出して発した瞬間に、誰よりも自分の脳がいちばん近くで聞いているからでしょうか、潜在意識に入った言葉は、現実化する……自分にとって、よいことでも悪いことでも。

ウソをついて会合をサボったことも、ヨーロッパ行きの直前に発熱したことも、ダイヤがなくなったことも、いずれもマイナスの方向に潜在意識の力が働いたのだと、私は受け取りました。

この力をマイナス方向に働かせる例は、たとえばその昔にあったという「のろい釘」などもそうでしょうね。わら人形に呪《のろ》いを書いて、それを五寸釘で神社の大木などに打ちつける呪い。これも論理的には、潜在意識を活用した例ではないでしょうか。

だから、

「宇宙に向かって発した意志は、必ず自分に返ってくる」

という法則もあって、昔の人は、

「人を呪わば、穴二つ」

と言うのを忘れませんでした。二つの穴というのは、呪いの相手用の墓穴と、自分用のそれ二つが必要だと、戒《いまし》めたのでしょうね。

それなら逆に使えばいいじゃないの、というのが私の考え。

まっとうな望みをかなえたかったら、必ず具体的なイメージを描き、「条件」を箇条書きでリストアップして、それを潜在意識にお任せすればいい。

たとえば、私の「40歳までにかなえたかった夢」のうちの一つ、「父に会いたい」という願いがありました。もちろんかなうことはかなったのですが、ちゃんと、「元気な姿の父に会いたい」と書いていなかったばかりに、やっと会えた父は、病院のベッドの上で体じゅうにチューブをつけられ危篤状態でした。自分の夢の実現に、ちゃんと条件をつけておけば、元気なうちに父親に会うことができたかもしれません。

予知夢も潜在意識と関係がある？

夢の中で見た光景は、現実の自分に予知をする可能性があるといわれます。

だから、嬉しくない夢を見た時は、

「絶対にそうならない、そんなことは起こらない」

と打ち消しておかないと、現実になってしまう可能性があるようです。

私の友人の体験ですが、あるとき旅行先で、家の中がものすごく荒らされている夢を見たそうです。その人は潜在意識のことなどまったく知らない人だったので、

「いやな夢だったな」

と思っただけでした。そして帰宅してみると、なんと夢で見たのとソックリに家が荒らされ空き巣に入られていた、というのです。ですから、いやな夢を見たら、

「そんなことには絶対ならない」

と必ず打ち消しておくこと。

やはり予知夢も、大いなるものからのメッセージなのです。

お金とのつきあい方

私の夢の一つに、「3億円の現金が欲しい」というものがありました。

そんなに多額の現金を、見たり触ったりしたことのある人なんてめったにいないのではないでしょうか。夫や私のお給料だって銀行振り込みですから、ボーナスが100万円出たといっても、しょせん通帳上の数字だけです。昔は、100万円という札束を見たことがありませんでした。100万円の札束には帯封があり、しかも1千万円の帯封は太いなどということも、まったく知りませんでした。ですから、本物の現金の束を見て先取り体験でイメージすることができたら、自分の手元に現金が転がり込んでくるかもしれないと思ったのです。

もう笑い話になりますが、「月収100万円欲しい」と紙に書いて願っていたころは、新聞紙を切り刻んでそれを束にして100万円の札束を作り、いちばん上と下だけ1万円札をそ

ろえて、それを数えるまねごとをしていました。「月収100万円もらえて嬉しいわ」というイメージです。その行為をひとり楽しみ、その束を持ち歩いたりもしていました。

そう思っていると、

「ヴィトンのスーツケースには、1億円入るらしい」

と聞き、ではヴィトンのスーツケースを3個買えば3億円という量のイメージがつかめるはずだ、それを実感すれば、いつか3億円がやってくるかもねぇ、と一歩前進しました。ところでヴィトンのスーツケースとはどんな感じだろう？　写真では見たことがあるけれど……。

そんなある日、羽田までのモノレールの中で、たまたまヴィトンのスーツケースを持っている人を見かけました。

私は、「ははあ、あれが3個あれば3億円分の空間なのね」と思って、脳裏に焼きつけるためしげしげと眺めていました。

するとヴィトンの持ち主は怪しい女がジロジロ見ていると思ったらしく、スーツケースをしっかりと手で押さえるのです。そんなわけで1億円入るヴィトンのスーツケースはしっかりイメージできたのですが、それを3個買うとなるとお値段は90万円もするそうです。実用ではなく、ただ3億円の先取りとして空っぽのまま飾っておくケースが90万円とはちょっと高いなあと思っていた矢先、行きつけのリサイクルショップで、なんと3億円入るジェラルミンのトランクが売っていたのです。店長は、

「こんなに大きいトランク、買う人がいないので、ずっと売れ残っているんですよ」

「何に使うんですか？」といいながら値下げしてくれました。代金はたったの８００円でした。

私は喜んで買って帰り、３億円のイメージ作り用に家に飾りました。

「自然界は真空を好まない」のだそうです。

すごい言葉ですね。

だから、３億円入る空っぽのトランクに3億円の束がずっしり入った状態をイメージすれば、もうすぐ3億円の札束が入ってくる……そう思うとワクワクしませんか。

ちなみにこの言葉と似た教えを、私の祖母から習いました。

よい情報を持っていたら、もったいないから人に教えないでおこうとする人がよくいます。

「だけどね、それは違うよ」

と祖母は繰り返し言いました。

情報は、人に流してあげれば、また次に新しい情報が入ってくる……これが世間というものの流れなんだ。だからどんどん人に与えたほうが得なんだと。

そのことを祖母は、

「物事を始めるときは、グーからではなく、パーからだよ」

と言いました。

手をグーにしてつかんだままでは、何もつかめません。

だからまずはつかんでいる手を離して、人に与えてからでないと何も入ってこないんだよと言うのです。

きっと物質の世界でも、共通した自然界の摂理のようなものがあるのでしょう。

富はバトンと同じ。握りしめずに次の人へ渡すことで、また自分のところにも入ってくるようです。また祖母はこんなことも教えてくれました。

「1億円も1円からだよ」

1億円という大きな数字も、1円足らないと1億円にならないんだよ。だから1円でも大切にしなくちゃダメだ……。あのころはあまりピンときませんでしたが、今になるとなるほどと共感できる言葉でした。

みんなつながっている

ちょっとまとめてみます。

顕在意識の世界というのは、日常のあれこれについて自分がわかっている世界。

ところが潜在意識の世界というのは、自分では意識できない世界。

潜在意識のことを勉強してみると、この世界というのは、先祖的無意識とか神話的無意識とか集合的無意識とか、自分自身がひとりではないということを教えてくれました。先祖も、亡くなった祖母も、ケンカした友達も、みんなつながっていたんだ……そのことがいちばん大きな驚きでした。同時に、わあ、それなら嬉しいと感じたのです。なぜかというと、祖母とも猫のコゾとも、みんな私は深いところでつながっていたのだとわかったからです。

「これって、すごいじゃない！」

人はもちろん、場所も、モノも、動物も、地下茎のようにみんなつながっていたんだ。だから意味のある現象があったり、思いがけない出会いとか不思議な偶然という共時性（シンクロニシティ）が起きるのだ……そんなふうに理解したのです。

もう一つわかったことは、自分の力の他に、誰か知らないけれど大きな力が働いている、ということでした。潜在意識の世界というのは、私がガチャガチャ自分ひとりの意思で動かしているのではない……。

あら、そうなの？　だから、私が自分の夢をかなえるというのは、自分がやっているんじゃない、誰かが手伝ってくれている世界……なるほどなるほどと、合点がいったのです。

私は、宇宙へ広告を出すことが好きでした。こういう人と会いたいなと望めば、不意にそういう出会いがやってくる……。あれは、ぜんぶ無意識の世界がやってくれたのです。私の気持ちがやるのではなく、あっちがやってくれていたのです。誰かが、いえ、見えない世界の力が手伝ってくれていたのですね。ですから、自分がわかる意識の世界では、自分がどうなりたいかだけを考えればいい。

自分がここまでやってきたとすれば、自分が勝手に、ひとりで来たのではない。そういう波動が（どこかの誰かから発せられて）やってきて、私はこっちに来させられた……それが本当なのではないかと感じたのです。

もちろんそれが正しいかどうか、わかりません。

でも私が選んだ方法というのは、そういう世界でした。

もちろん私は、こうしたい、ああしたいという願いは持っています。そのためのいくつかの準備もまじめに行います。でもその先は、潜在意識の大いなる力に〝お任せ〟なのです。

それでいい、それはおもしろいと思って、それでやってきたのです。

努力や勤勉ではない

そういう考えに触れていくと、私の考えもずいぶん変化してきました。

みんなつながっている……成功するのは、自分の力ではない……もっと大きなものに依存しているのだ……そんな気持ちに変わりました。

努力している人はいっぱいいます。「努力」は美徳で、奨励されていました。ですから、「潜在意識の力があれば、努力や勤勉はいらない」と酒井先生から教わった時は、ショックでした。

私ががんばってきたのは、努力や勤勉の部分だったような気もしていましたから、内心ではちょっと抵抗がありました。

しかし私は、ショックを受けながら、

「やっぱりそうか！」

という気もありました。

それまで周囲の人を見渡してみても、どうしてあの人はあんなに努力しているのにうまくいかないんだろうか。努力した人は星の数ほどいるのに、それが成功に結びついた人というのはほんのひとにぎり。一方で、何も努力しているように見えないのに、飄々《ひょうひょう》と試験に合格するクラスメイトもいた。悠然と成功の道を走る人もいた。

「世の中って、努力だけではだめなのではないかしら？」

という疑問は、実はずっと私の中にもあったからです。

実際、酒井先生を見ていても、やはり先生の言っていることは本当だろうなと思わせるものがありました。先生は、早起きは苦手、昼間はいつも日向ぼっこ。そんな時に、ひらめくことが多いのだそうです。

酒井先生は、

「〝努力して成功しました〟と言う人がいたら、それはウソ。大きな夢であればあるほど、森羅万象《しんらばんしょう》を味方につけなければ、その助けを得られなければ、成功なんてできない」

とおっしゃいます。

先生に「努力や勤勉は捨てろ」と言われなければ、あのまま安住し、それにふさわしい小さな場所しか得られなかったのかもしれません。

先生のおっしゃるとおり、「ひらめき」を信じて行動したり、不思議な偶然が起きていなかったら、私の成功はなかったかもしれません。そしてそのことに目を向けないかぎり、「ひらめき」は降ってこなかったと思います。もしあのままだったら「不思議な偶然（共時性）」にも気づかなかったでしょう。

人さまをどうこういうのではありませんが、私の体験からいうと、一生懸命にやっている時にこそ、潜在意識の世界を活用させたらいいのに、と思うようになったのです。

努力、勇気、勤勉……そんな自力にばかり頼っていないで、この潜在意識にお願いすると、効率が違うのです。

なにより、そのほうが楽なのです。

《第5章》

アニマルパラダイスの夢

猫への恩返し

親のいない私を不憫《ふびん》に思った祖母が、子猫のコゾを飼ってくれたことはすでに述べましたが、コゾはいつも私のそばで私を助けてくれた力強い味方でした。コゾは私を負けちゃいけないよと支えてくれたのです。たかが猫一匹のことですが、コゾへの感謝の気持ちは、今も忘れてはいません。ですから、猫のいない暮らしなんて、私には考えられないほど大きな存在なのです。

結婚して家を手に入れた時に、コゾにそっくりの、サバトラの「タマ」がやってきました。ときどきエサをあげると、タマはわが家に住みつきました。主人が動物嫌いでそれまで猫を飼う意思はなかったのですが、折よく主人の海外出張もからみ、居ついたのです。気がつくとタマファミリーは9匹の大所帯になりました。猫はこうしてふたたび私の周りに姿を見せたのです。

そのころすばらしいなあと思っていたのは、英国の「アニマルポリス」でした。動物虐待などを取り締まる2千人の〝動物のおまわりさん〟がいるのだそうです。50年ほど前から英国ではこういう制度が確立されていて、動物の暮らしを見守っているのだそうです。

このイメージは、イングリッシュ・ガーデンの素晴らしさを知って「こういうガーデンを作りたい」という夢を抱いたのと同時に、アニマルポリスのイメージも私のなかに定着しました。

この仕事がスタートして、人前で話をしなければならない時、話すのが苦手だった私は、猫たちを前に並べ、彼らを観客に見立て、スピーチの練習をしました。

「埼玉から来ました、藤川清美です……」

うろうろ動き回る猫たちですが、彼らを見て私の心は落ち着きました。猫たちに支えられて、今日まで生きてきたような気持ちがするのです。

コゾの時からずいぶん月日が経ちましたが、猫や犬やほかの動物たちにとって、今つらい時代が押し寄せています。動物たちにしてみれば生きにくいご時世のような気がします。だから捨て猫や傷ついた猫を見ると、私は放っておけないのです。

猫が騒ぐ時

私は結婚後子供が生まれてからも、ずっとなんらかの仕事を続けていました。

ですからいつも、３人の子供たちは留守番でした。

ある時、

「お母さん。僕たち、お母さんが帰ってくるのがもうすぐって、わかるんだよ」

と長男が言います。

今のように携帯電話があるわけでもなし、いちいち家に連絡するわけでもないのに、不思議な話です。でも30分ぐらい前から、私が帰ってくるのがわかるという。

「どうしてわかるの？」

と不思議に思って聞きました。

「どうしてかっていうとね、猫たちが、お母さんが入ってくる部屋のガラス戸のあたりで、ウロウロして、騒ぎはじめるからだよ」

と長男。

だから、猫の様子を見ながら、

「もうすぐお母さんが帰ってくるぞ」

「早くおもちゃを片付けろ」

と妹たちに号令をかけ、部屋の片づけを始めるというのです。

猫のカンって、すごいね。本当にびっくりしました。

潜在意識は動物や植物、そして意識のないものまでつながっているといわれますが、これは本当ですね。

助けた猫との再会

ある夜仕事に行く途中、路上で猫が倒れていました。

思わず車を降り、死んでいるにしてもこのままつぶされたらかわいそうだから、せめて道路脇に移動させてあげようと抱き上げると、まだ息があります。偶然、通りかかった対向車が止まってくれて、声をかけてくれました。

「猫、轢《ひ》いてしまったんですか？」

「いいえ、前の車に轢かれたようです。でも、まだ息をしているから、病院に連れていきたいので、乗せていってくれませんか？」

その方はご親切にいいですよと、私の知っている岩田動物病院まで乗せてくれました。

その猫を膝に横たわらせ連れていく道すがら、とても苦しかったのでしょう、私のスカートの上でおしっこを漏らしてしまいました。

岩田先生は、「頭を打っているから、入院する必要があるね。もしかしたら助からないかも……」という判断です。

私は、「ぜったい助かる　ぜったい助かる」と紙に書き、祈りつづけました。

入院費はとても高かったのですが、ありがたいことに良心的なお医者さんで、事情を知ると治療費は半額でいいと言ってくださいました。そして1週間の入院のあと、めでたく退院することができました。

もともと野良猫のようでしたから、轢かれていた場所の近くに放してあげることにしました。抱いていた手を離すと、ノロノロ歩きはじめました。

「元気でね。もう車に轢かれないようにね」

と後ろから見送ると、3メートルくらい歩いたところで立ち止まりました。そしてこちらを振り返り、

「ありがとう」

とお礼を言わんばかりに、じっと私を見ていました。

「もう行っていいよ」

と声をかけると、スタスタやぶの中へ消えていきました。

それから1カ月ぐらいして、家に向かう途中の同じ道路です、偶然私の車の前を横切った猫がいました。

「あ！　あの時の猫だわ」

と思った瞬間、驚いたことにその猫は車道を渡りきったところで立ち止まり、こちらを向いて、まるで「元気にやっているよ」と手でも振っているように、ずーっと私の車を見つめ

ていました。

元気にしていてくれてよかった。ほっとしました。

▨救助犬ラッキー

自宅の近くの山で、1匹の犬を拾いました。

体じゅう、湿疹だらけで真っ赤に腫《は》れ上がっています。体自体は、ガリガリにやせたビーグル犬です。近所の人の話によれば、1年ぐらいふらふらしていて、エサをあげようとしてもまったくなつかず、触ることもできなかったそうです。

でも、私と出会ってから1週間ほどで、ちょっと仲よしになり、心を開いてくれるようになりました。彼に「ラッキー」という名前をつけました。

なぜか私にだけはなついてくれるので、毎朝の散歩は私の仕事です。

散歩は、里山の小道を30分ほど歩きます。

ある日、仕事の都合でいつもより1時間早く朝の散歩に出かけました。すると、その日にかぎってカラスの声が、ギャーギャーギャーとすごくうるさい。

「なんだろうね、ラッキー」

声をかけながら歩いていると、ラッキーが突然クンクンクンと何かに近づいていきました。見ると歩道のすぐ脇の笹やぶの上に、ちょうど勾玉《まがたま》みたいな形の、黒と白のものがいるのです。

なんだろうと見ていると、少し動きました。

なんと、それは子猫でした。生まれたばかりの2匹の子猫が捨てられていたのです。そのためにカラスがあんなに群れて狙っていたのでしょう。ラッキーの散歩がいつもの時間帯だったら、きっと間に合わなかったかもしれません。そう考えると恐ろしい。私はすぐに2匹を連れて帰りました。この2匹は、その後、猫好きの高木さんにかわいがってもらうことになるのですが、不思議なのはラッキーです。自分もかつて捨てられていたのを救ってもらったせいか、よく散歩中に、捨て猫を発見するのです。ラッキーが見つけた捨て猫は、もう25匹にもなります。

動物には、不思議な能力があるのです。

犬の恩返し

ラッキーは、捨て猫を救助したほか、思わぬ宝物を見つけてくれることもあります。

いつもの朝の散歩。ラッキーはなぜかいつもと方角の違うコースへ行こうと、グイグイ私を引っ張ります。しかたなくどんどん道なき山道を歩いていくと、そこにはなんとびっくり、500個以上の里芋の種芋が、捨てられていました。

「そろそろ、里芋の種芋を買ってきて、植えなくてはねぇ」

と朝食の時に話していた矢先でしたからびっくりしました。さっそく、それを拾って家の畑に植え、予期せぬたくさんの収穫を得ることができたのですが、ラッキーの不思議なことは、翌年も同じようにたくさんの種芋があるその場所へ私を導いたのです。まるで昨日捨てられたのを見ていたように。おかげでまたたくさんの里芋が収穫できました。そうです、２年連続のラッキーの恩返しでした。ありがとう、ラッキー。

ネコハウス

ふと世間を見まわすと、たいへんな猫残酷物語です。車にはねられる事故が増えてきたのです。犬たちは、身をすくめその場に留《とど》まるので、猫に比べると被害は少ないように見えました。

もちろん車だけが敵ではありません。人と猫が、寄りそって平和に暮らしていた時代が、まるで終わったようです。

人間たちの心も変わりました。捨て猫、虐待された猫……なぜこんなことがとびっくりするような被害が、当たり前のように起きています。

なんとかしなければならない。虐待され、傷を負った猫たちを救いたい……猫のお世話を

右手が猫ハウス。各部屋に10匹ほどの猫が暮らしている。左はアトリエ。

し、里親を探してあげなければと思いました。そのために、2002年、「ネコハウス」を建てました。

私は幼いころから猫が大好き。猫がいない生活なんて考えられない。その猫好きが高じて、建坪34坪、2階建ての「ネコハウス」を建築しました。

ここにはいま55匹の猫たちと、2匹の犬が住んでいます。だんだん増えていったのです。

仕事が忙しいので、もちろん私だけでは世話ができません。でも、いいのです。どんなに仕事が忙しくても私は毎晩このネコハウスに寄って、必ず1匹ずつ声をかけて、みんなの顔を見るのが日課です。すねている子、いじめられっ子、気難しい番長猫、ぜったい人になつかない子……猫さまざまです。

毎晩かならず一匹一匹に声をかける。

幼いころビニール袋の中で雨水につかっていたせいでしょうか、「ひよ子ちゃん」は、猫にしては珍しく水が大好きです。スーパーのビニール袋にボロきれのように入れられ捨てられていた子猫たち、特に虐待を受けた猫たちは、自分ではどうすることもできません。人間の場合は、自分で働いたりまたは国や地域の保護が受けられたりということがあるでしょうが、動物はそうではありません。

猫エイズに感染していた「ニョロ」、両目をえぐられて捨てられていた「さくら」、口を引き裂かれた「イッチャン」……。傷ついた猫は、まず動物病院で治療してもらい、そして血液検査、ワクチン接種、不妊手術などをすませます。しかしネコハウスの一員になってからも、慣れてくれるまでにはけっこう時間がかかるのです。

ある子はおしっこがうまくできません。赤ちゃんのときにお尻にコールタールを塗りつけられ、2、3週間ウンチが出ず、直腸がパンパンに腫《は》れ上がり背骨も変形してしまったのです。その子のウンチとおしっこを毎日手で出してあげなければなりません。お尻洗いが欠かせないのです。チンチンとお尻の穴がくっついているので、垂れ流しのままになると、チンチンが駄目になっちゃうのです。

毎日、猫たちを一匹一匹見て回るのは私の日課、そして生きがい。ぱっと見ると、ひと目で猫たちの具合がわかります。出張のない時は、どんなに遅くに帰ってきてもネコハウスに入ります。これが神様から与えられた私のノルマなのでしょうか。

なにしろかわいい、猫を好きな人たちとはすぐに仲よしになり、「猫を飼ってる」というだけで、10年来の友人のように会話が弾みます。こんな瞬間が、たまらなく嬉しいのです。仕事の苦労も忘れ、またこの子たちのために働こうと元気が湧くのです。

トイレ作り

今ネコハウスは55匹の大所帯です。何が大変かというと、トイレ。

猫のトイレ用の砂だけで、毎月3万円の費用がかかります。お金もかさむうえに、燃やせる砂とはいえ、それを捨てるたびにゴミ収集センターの方から苦情が出てしまいます。ヘルパーさんがゴミを捨てに行くたびに嫌味を言われるらしく、困った困ったと辟易《へきえき》していました。

どうにか解決策はないものかしらと潜在意識に、

「なにか方法はないものかしら」

と宿題を出しました。

すると、しばらくしたら、すばらしいひらめきが！

「そうだ、新聞紙をシュレッダーにかけて細かくしよう」

さっそくシュレッダーを購入して、新聞紙を切り刻み、それを猫のトイレ用に使ってみると、とてもうまくいきました。

月に５軒分の新聞紙が必要でしたが、これもみなさんからのいただきもので解決できました。経費は削減、資源も活用、そしてゴミの苦情も出ず、うまくいったのです。万歳！

猫キャッチャー大作戦

ネコハウスを建てる以前には、事務所の周りに10匹ほどの猫がウロウロしていました。

当時、事務所の近隣の方々から苦情が出たり、なかには猫を追いかけ回して保健所へ連れていこうとする方までいました。だから一日も早く周りに人家の少ないところへ猫たちを引っ越しさせたかったのです。毎日毎日、「ご近所に気兼ねなく、静かに猫ちゃんたちが暮らせる家が欲しい」と書きつづけ、ついに念願の「ネコハウス」を建てたのです。

しかしいざ引っ越しとなると、外猫10匹をいったいどうやって移動させるのか、難問が待っていました。平常から用心深い猫たちは、容易には捕まってくれません。明日お医者さんにつれていこうなどと言おうものなら、手の届かない天井に上って下りてきません。外猫だったら、まず帰ってきません。半数は虐待されていた経験がこびりついているので、人間をとても怖がるのです。私にも近づいてこないのがほとんどです。初めは麻酔を吸わせ、眠らせてから捕まえたらどうかという案も出ましたが、これは無理でした。

急遽《きゅうきょ》、〝猫キャッチャー〟を手に入れなければと獣医さんや知り合いを頼って探しましたが、なかなか見つかりません。そのまま1カ月が経過し引っ越しの日がだんだん近づいてきました。どうしようどうしようと思っている時、仕事仲間のミーティングで、

「どなたか、猫キャッチャーを売っているところを知らないかしら」

と言ってみると、なんと、

「家にありますよ」

と金森さんが言うので、驚きです。旦那さんがたまたま、アライグマ用のケージを作って

いるというのです。一つ分けてもらいました。木で作った箱を置き、エサを引っ張ると扉が閉まるというしかけです。おかげで猫たちを毎日何匹かずつ捕獲することができて、無事ネコハウスへの引越しが終わりました。

▨ネコハウスの電話番号

念願のネコハウスが完成した時、電話局へ電話番号をもらいに行きました。道すがら、

「ぴったりの、いい番号がありますように」

「いい番号がくる」

「いい番号をいただける」

と念じながら、局へ向かいました。番号は選べないのです。

「これはいかがですか」

と、係の方が出してくださった番号は、

「２９４−２２９２」です。

私はこれを「ニャンコよ、ニャンニャンのクニ」と読みました。即ＯＫです。電話局の人は、もちろんこの建物がネコハウスだとは知らないはずなのに、ぴったりの番号を出してくれました。不思議ですね。

迷子になった子猫

私は猫たちを、意図的に集めようとしたことはありません。事務所で飼っていた10匹のころからこれ以上増やすつもりもないと思っていたのですが、なぜか55匹まで増えてしまいました。成り行き成り行きで、結果的にこれだけ集まってきたのです。来るはめになった捨て猫ちゃんたちのなかには、こんなこともありました。

ある時近所の自動車修理工場で、メメちゃんという猫が赤ちゃんを産みました。壊れた車のトランクの中で2匹の子猫を産んだのを、大の猫好きの佐藤さんが発見したのです。佐藤さんはマンション住まいなので、生まれたばかりの赤ちゃん猫をもらってくれる里親をやっと探し、ひと安心だったのですが……。

「大変なんです。メメちゃんの赤ちゃんがいなくなってしまったの！」

とある朝、佐藤さんが半べそで電話をしてきました。聞けば、昨日の夕方、明日もらいにくるからと里親さんが約束して帰ったらしいのです。

「たぶん、もらわれていくのを嫌がって、メメちゃんが隠したのかな？」

と私は思いましたが、とにかく探さなければなりません。

自宅からメメちゃんのところへ行く途中、トラックの駐車場で2匹の子猫が遊んでいるの

を発見しました。てっきりメメちゃんの子猫だと思いこんだ私は、

「誰かが、こんなところに連れてきたんだわ」

と、慌《あわ》てて２匹の子猫を確保。そして、急いで佐藤さんのところまで連れていくと、

「違う、この猫じゃないわ」

と言います。

なんだ、たまたま２匹の子猫が捨てられていたのか……。

佐藤さんと私が途方に暮れていると、足元にいたメメちゃんが突然、その子猫をくわえて、スタスタと歩き始めました。

「自分の子供と間違えているのかしら？」

と思いながらも後を追いかけていくと、なんと壊れた塀をくぐり、近くの建設会社の材木が置かれてシートがかぶせてあるところへ入っていきました。シートをめくってみると、なんとメメちゃんの子猫が２匹、すやすや眠っていたのです。

子猫が４匹になってしまいました。捜索の途中で見つけた２匹は、結局私が飼うことになりました。ちなみに名前は、「大ちゃん」と「成功ちゃん」、２匹合わせて「大成功」となりました。こんな具合で増えに増え、いま55匹の大家族となってしまったのです。

「この犬、捨てたんだよ」

わがネコハウスには、いま犬が2匹になりました。ラッキーについてはお話ししましたが、ジョンとの出会いはちょっと悲しくなるようなものでした。もちろんネコハウスにいる猫たちと同様、この2匹の犬も捨て犬でした。

わがハウスにやってくる前、ジョンはいつも夜になると私が住んでいたマンションの入口で寝ていたのです。私はよくジョンにエサをあげていました。ある日、マンションの管理人が、

「この犬は、2〜3日中に保健所に連れていきます」

と言うのです。まあかわいそうと思い、私は紙に、

「この犬の飼い主さんへ。首輪をしないでこのままでいると、保健所へ連れていかれてしまいます。首輪をしてあげてください」

と書き、そこに私の名前と電話番号を書いて、犬の首につけてあげました。

数日後、近所の小学生がなんとその犬を交番へ連れていったらしく、おまわりさんから電話がかかってきてこういうのです。

「この犬については、あなたに権利があります。もし藤川さんがお引き取りにならなければ、

明日にでも保健所へ連れていきますが……」

そんなことを言われて、いらないとは言えません。翌日すぐに引き取りに行きました。

しかし、もし飼い主が探していたらいけません。この犬の飼い主を尋ねて、友人たちと一緒に３時間ほど近所を歩き回りました。

やっと探し当てた飼い主さんの口から発せられた言葉は、

「もう３カ月も前に、おまえは捨てたんだよ！」

という残酷なセリフでした！

聞けば、子犬だったのを拾ってきたけれど、だんだんエサ代もかさむので飼えなくなり、捨てたというのです。飼い主に出会った犬は、最初嬉しそうに飛びつきじゃれていましたが、その言葉が発せられたとたん、くるっときびすを返し私たちのほうへ戻ってきました。

そう、まるで、その元飼い主さんの言葉がわかったように……。

いいえ、あの瞬間、彼は飼い主の言葉を完全に理解したのです。

欲しかった切り株

私の趣味の一つに、ガーデニングがあります。

なかでも折鶴蘭《おりづるらん》は、猫に食べさせるためにたくさん育てているのですが、それには木の切り株が必要です。折鶴蘭は観葉植物の一つで、折り鶴のように小さな葉っぱが出て、それを猫が食べるのです。どんどん葉っぱを出すので垂れ下がり、鉢置き用に木の切り株があったらなあと考えていました。しかし、このあたりではなかなか切り株は入手できません。ある日ちょっと事務用品を買いに出かけた時、たまたま偶然、道路脇に切り株がたくさん置いてありました。ここは初めて通った道です。

用事をすませての帰り道で、さっそく持ち主の方を訪ねました。近くの建築業者の方のものでした。自分で持ち帰るのなら安く譲ってくれるとのこと。300個ぐらいの切り株をちょうだいして、おかげさまで猫用の折鶴蘭を乗せたり、ガーデニングをするときにふんだんに使うことができました。念ずる力は、こうしてふと生きてくるのです。

あなたもよかれ、私もよかれ

2004年8月28日の朝日新聞に、私の「ネコハウス」の記事が掲載されました。「扶養家族56匹　自前の〝ネコハウス〟運営」と、けっこう大きな見出しです。掲載された数日後、朝日新聞を見たというMさんという方から、ファックスが送られてきました。

ペット用のエサを販売する会社にお勤めする方でした。お電話の内容は、あなたの記事を見て感動したのでなにかお手伝いしたい。商品のうち、袋が破けたり売れ残ったものを譲ってくださるとのことです。「わあ、うれしい！」。大変にありがたいお申し出です。

私は大喜びで電話をしたところ、すぐに持ってきてくださいました。当日は、あいにく私は留守にしていてお会いすることができず、直接お礼も言えず残念だったのですが、そのまま感謝の気持ちだけは持ちつづけていました。しかし3カ月ほど経ったある日、また来てくださるとの連絡がありました。ちょっと遠方なので何時に着くかはわからないとのこと。私のほうもその日は予定があって忙しかったので、どうしよう、と少し困っていました。でも、「大丈夫、大丈夫、大丈夫」、いつもの言葉を唱えていました。

13版　2004年（平成16年）8月28日　土曜日

扶養家族56匹

自前「ネコハウス」運営

坂戸の社長・藤川清美さん

街で

藤川清美さんがネコハウスを訪れると、自然にネコたちが集まってくる

猫ハウスの記事が載った朝日新聞。

ちょうど私が帰宅すると、駐車場に一台の車。それがMさんでした。またもやたくさんのエサをいただき、お目にかかって直接お礼を言うことができました。タイミングがピッタリで、まさにラッキーでした。

袋が破損したものは、本来な

ら会社で焼却処分してしまうのだそうですが、もらってくれてよかったとMさん。お話をうかがってみると、Mさんは、なにかボランティアをしたいと常々思っていたそうです。そして、新聞で私のネコハウスのことを知り、援助したいと思ってこうした配慮をしてくださったのです。Mさん、ありがとうございました。

「あなたもよかれ、私もよかれ」、これが、すべてスムーズにうまくいくコツのようです。

生かされている自分

私は、なにかがひらめいた時には、リサイクルショップや古本屋に行きます。行きつけのリサイクルショップのオーナーとは大の仲よし。私の宝物は、ほとんどが、このリサイクルショップや古本屋で偶然見つけたものばかり。「ピッピピッピッー」と光線のようにひらめきがきたときに、なにがなんでもそこに行くというのは、その時の私にとってなにか大事なよいものがあるのです。本でもモノでも、その場所に立つとなぜか、また「ピッピッピッー」と呼ばれるのです。

リサイクルショップや古本屋のよさは、安いということだけではありません。

私が特に重要視しているのは、「まだ捨てるべきではないから、ここに持ってこられた」モノがあるということなのです。

以前は誰かが使っていた、しかしもう必要なくなった、でも捨てるのはもったいない……そういうモノはまだ役目が終わっていない……だから、ここに持ってこられたのだ、と私は感じるのです。だから、そこで買ってまた私が使ってあげたほうが、モノが活かされるし、モノも喜ぶのではないでしょうか。デパートに行って新品のよいモノを見つけるのは簡単ですが、リサイクル店での出会いは、その時その人にしか価値が通じない、たまたま偶然の出会いですばらしいモノがあるのです。

リサイクルショップばかりではありません。粗大ゴミ置き場の前を通りかかった時にも、「ピッピッピッー」光線がきたこともありました。立ち止まって見てみると、本とレコードがたくさん捨ててありました。その中には、私が読みたいと思っていたけれどまだ買っていなかった本、そしてビートルズのレコードが何枚かあったので、すぐに持ち帰りました。ビートルズのレコードは、今では手に入らないものもあって、オークションなどで高く売買されることもある貴重なものでした。だから、幸運はその辺に転がっているということなのですね。昔から私は、モノを捨てるのは「かわいそうだなあ」と思っていたのです。

猫も同じなの。誰かにとっては捨てた猫は保健所行き、つまり、もういらないもの。でも私にとっては、猫は癒しであり、猫からたくさんパワーをもらうことができるので大切なのです。猫と一緒にいるほうが私にとっては当たり前。だから、いつの間にか私のところに、次々と猫たちがやってくるのでしょう。

そう考えると、〝やらされている自分〟に気づくのです。自分が好きでやっているのではない。なにか大いなる力によって、動かされているのだと。

猫からもう少しジャンプしてみると、自分は〝生かされている〟と気がつきました。

寂しかった少女時代、アルバイトで忙しかった時代、この仕事についたこと、ネコハウスに奔走していること……どれもこれもみんな、〝やらされて〟〝生かされている〟と気がついたのです。そのために、必要な費用、物、人材等が、ちゃんと私のところに集まってくれた……。それを体験しているうちに、なにか「大いなる力」が自分を支えてくれていると感じるのです。

《第6章》

チェンジ・ザ・ワールド

ターシャに会いに行く

私は、これからかなえようとしている夢が283個あります。

その一つ……憧れの園芸家であり画家であるターシャ・テューダーに会いに行くこと。ターシャ・テューダーはアメリカの人気絵本作家で、園芸家です。ニューイングランドのバーモント州で一人暮らしをしている89歳のすてきなおばあちゃん。30万坪の庭園で四季折々に咲く花の手入れをし、自給自足の暮らしで、動物たちと暮らしています。

大好きなターシャ・テューダーの暮らし。

前々から私の願いの一つは、イングリッシュ・ガーデン風の広々としたスペースで犬や猫たちと一緒に暮らすことでした。そのためには大先輩であるターシャの暮らしを見て、そのイメージをしっかり捕《つか》まえようと思っていたのです。犬や猫たちがどんな風に暮らしているのか、ターシャおばさんが彼らとどんな風につき合っているのか、それをいつかきっとこの目で見ようというのが私の夢。もう日本ではずいぶん多くの人がターシャのことを知っていますが、その生き方は、まさに私のあこがれでした（『ターシャ・テューダーのガーデン』T・マーティン　写真／R・ブラウン　相原真理子訳　文藝春秋）。

夢は、まだまだあります。

高速道路の追い越し車線を一度でいいから自分の運転で走ってみたい……（車の運転が上手ではないので）。

たくあんやヌカ漬けを上手に漬けてみたい……（どうにもこうにも漬け物が苦手なのです）。

観葉植物を上手に育てたい……（ゴムの木など、いつも枯らせてしまうのです。水のやり方がまずいようなのです）。

もちろん夢というものは、人それぞれですよね。お金があればできることだけではありません。園芸やターシャの暮らしぶりに興味のない人にとっては、わざわざそのためにアメリカの片田舎まで行きたいと思わないだろうし、高速道路で車が運転できる多くの人にとっては、追い越し車線を走ることなど、夢とはいわないでしょう。だからいいのですね、この先私は、自分がまだかなえていない夢に向かって、元気に歩きたいのです。

植木鉢の山

ある時、ターシャが素焼きの植木鉢を集めているとの記事を読み、すぐに私も「素焼きの植木鉢が欲しい」と思いました。ターシャのようにテラコッタの植木鉢にいろんな草花を植えて、ガーデニングをしたいなと思ったのです。

以前、アトリエの近くのおじさんが「植木鉢を欲しい方に売ります」という看板をかけていたのを思い出しました。思い立ったらすぐ動く、ひらめきはその日の分しかありません。さっそく聞きに行きました。

「安く鉢を売ってくださいませんか？」

「鉢を処分しようと思っていたから、あげるよ」

とおっしゃるではありませんか。

畑の隅にある、山のように積まれた植木鉢を安い値段で全部譲ってくれました。私が必要としている数より何倍もの植木鉢を……。必要以上にたくさんの植木鉢を入手できたので、お花を作っている仕事仲間のところでこの話をしたら、

「まあよかった、私も植木鉢を探していたのよ」

という嬉しい反応です。間違えてアロエベラの花をたくさん仕入れてしまい、もっと植木鉢があったらと思っていたところだったのです。きれいに洗って持っていきました。ちょうどよかった。

このとき譲ってもらった植木鉢は、その数なんと1万個。そのほとんどを物置にしまって

ありますが、このように自分のところにやってきたものには、何か意味があるのです。今すぐに役立たなくても、きっとなんらかの役目を果たしてくれるのです。1万個の植木鉢は将来、私がイングリッシュ・ガーデンを基調としたネコパラダイスの施設を作る際に、きっと役立ってくれることでしょう。楽しみ！

「アニマルパラダイス」の未来図

58歳までにかなえたいいちばん大きな夢は、今の仕事とは別に、もう一つの事業を立ち上げること。それは、「ネコパラダイス」を作ること。いえ、犬も増えたので、「アニマルパラダイス」と呼ぶのがいいでしょう。ペットのための総合施設です。

ですからそのための病院、お墓、ペットグッズ販売、ペットと一緒に入れる喫茶店、ホテル……そんな総合ペットランドを、趣味のイングリッシュ・ガーデンの敷地内に建設できたらいいなあと思っているのです。

現在、年間14万匹の猫や犬が、保健所へ連れていかれ〝処分〟されているそうです。なんという文化国家でしょう。そんな動物たちをケアし、里親探しをしてあげるためにも必要な情報を集め、交換する施設が必要です。

具体的な計画としては、50人ほどの従業員を雇い、そのうちの40人はなんらかのハンディキャップを持った人たち、残りの10人は60歳以上の人たちを雇用してこのパラダイスを運営するというものです。

そのための費用を試算してみたところ、およそ7億円かかるということがわかりました。すでにそれ用の1万坪の場所や土地を決めました。正確にいえば、「決めてある」だけで、まだ私のものではないのですが、潜在意識と共時性の力をお借りすれば、近いうちにきっと実現できるのです。

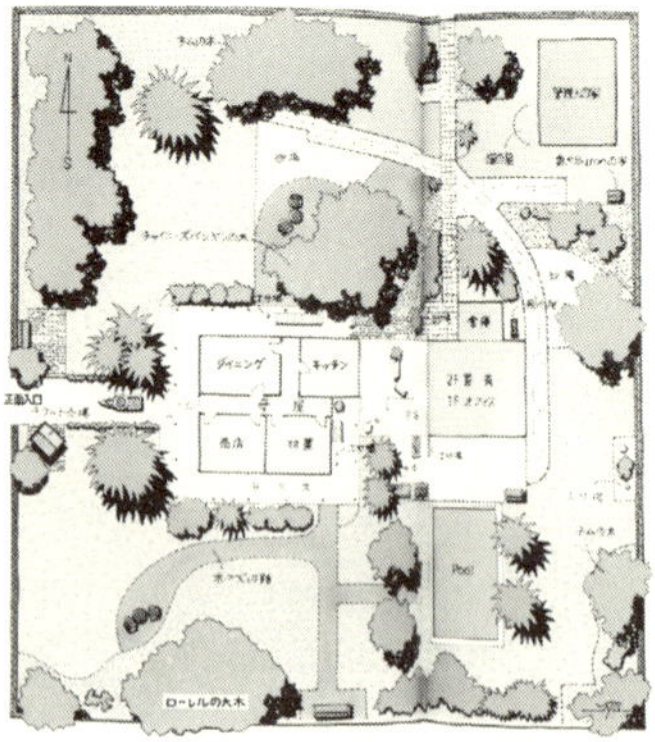

これが「アニマルパラダイス」の理想図。

先日たまたま、本屋さんに行こうと思いつきました。そういうときには必ず何かに出くわすのです。まるで本が私を呼んでいるように、たくさんの本の中からピカッと光る本がやってくるのです。その時もそうでした。アニマルパラダイスのお手本となる理想図を発見したのです。

それは、ヘミングウェイの猫生活について書かれた本でした。(『HEMINGWAY 65 CATS』和田悟著　小学館)。ビューンと私の手元に飛び込んできたようです。むさぼるように読みました。

ヘミングウェイは、すでに私の描いた構想そっくりの「ネコパラダイス」を実現していたのです。それは「CAT PALACE in KEYWEST」(キーウェストの猫御殿)という施設でした。猫好きだったヘミングウェイが、アメリカ最南端の島キーウェストに作った施設で、現在はヘミングウェイ記念館となっていて、彼が飼っていた猫の末裔《まつえい》がおよそ65匹も暮らしているそうです。

ヘミングウェイは自分の生活の場であるこの島で、60匹以上もの猫とともに暮らしていました。しかもなんと一匹ずつに女優の名前をつけて……。私はわが猫ちゃんたちに「タマ」だの「ニョロ」だのと適当に名前をつけていたことを思うと、ちょっと恥ずかしくなったほどでした。まさに私にとってお手本となるべく、あの豪放磊落《らいらく》なヘミングウェイと猫たちの関係がうかがえるすてきな写真集です。

ページをめくってみると、いい写真がたくさんあります。

ヘミングウェイが、猫たちと一緒にのんびりとくつろいでいます。

猫たち一匹一匹の表情がいいのです。

弱虫猫、ボス、すね者、堂々たる美人猫……みんな悠然と生きていました。

「わあーい、これだこれだ!」

「これが私の理想の形なのよ!」

私は歓声を上げました。

この情景に、アトリエ、動物病院、ティールームなどを加えれば、「アニマルパラダイス」という私のイメージにぴったりです。

今の「ネコハウス」では、部屋ごとに区切りを設け、それぞれの相性に合わせグループ別に隔離して飼っているのですが、私は常々かわいそうだなと思っていたのです。私の生活の場にいるのは、病んだり傷ついた猫だけ。将来的には、すべての猫と生活の場で一緒に暮らすのが理想なのです。理想の「ネコパラダイス」のお手本が、たまたま古本屋で手に入るなんて本当に驚きでした。

「あんたも、こうすればいいんだよ」

と、何かに導かれているのです。

その夢は、近い将来きっと完成すると思います。

なぜかというと、私は強くそう思い、そう念じつづけていますから。

赤いじゅうたんの上を歩きたい

この話をするとみんな笑うのですが、これも私の夢の一つ。

「飛行機のタラップから降り立つと赤いじゅうたんが敷かれ、その上を歩く」

というものがあります。

その夢をかなえるにはどうすればいいのかしら、あれこれ考えていると、

「そうだ、どこか外国の国賓《こくひん》になればいいのだ」

とひらめきました。

もしそうなら、

「発展途上国の子供たちのために学校を建てたらどうだろう？」

そう思いついて、タイ、ベトナム、カンボジアなどの国々ではどうなっているのかを調査してみると、日本円で３００万円もあれば、学校が建てられると聞きました。

私が寄贈した学校で子供たちが勉強できるようになれば、いつかその国の国賓として迎えてもらえるかもしれない……どこかよその国から国賓として招かれ、赤いじゅうたんの上を優雅に歩く……。

そんな姿を思い描いていくと、さらに夢が広がります。

しかし実際、赤いじゅうたんが敷かれている様子は見たことがなかったので、そこを歩くイメージが浮かんできません。

そう思っていたら先日オーストラリアへ行った際に、たまたま偶然、どんぴしゃの場面に遭遇しました。

私と同じホテルにサウジアラビアの王子様が宿泊していたらしく、王子様が外出するとこ

ろを目撃したのです。ばっちりと赤いじゅうたんが敷かれていく場面を見届けました。おかげさまで赤いじゅうたんの色、雰囲気などを、しっかりイメージすることができました。さらに、すごいお金持ちと呼ばれる王子様の立ち居振る舞いも見せていただきました。王子様は多くのお付きの方々と4台のバスを従え、お買い物に出て行くところでした。

これが、「先取り」のための具体的なイメージです。私にもこの夢が近づいてきているということかもしれないとワクワクしています。

リボンがかからない大きなプレゼント

「55歳になったら、リボンがかからないほど大きなプレゼントをもらえる」

私は勝手にそう決めて、3年前から言いつづけていました。

それが何なのか、具体的に決めていなかったのですが、何かすばらしいものが手に入ると決めて待つのは、ワクワクすることなのです。待つこと自体を楽しむのです。

ある時、「そうだ、3年以内に都内に自社ビルを持とう」と考えました。

前々から酒井先生には、

「ビジネスは都心だよ。東京を制覇しなかったらチャンピオンにはなれない」

と聞かされていましたから……。

そのとき初めて、都内に自社ビルを持とうと本気で思ったのです。私の理想の条件は、
☆駅から徒歩5分以内
☆１００坪
☆更地《さらち》
☆山手線の池袋～日暮里間がいい（海外へのアクセスがいい。成田に行きやすいように）。
この条件を不動産屋さんに相談したところ、都内にそんな物件があるわけないじゃないですかといわんばかりの応対です。適当に受け流されたのですが、それでも一応資料などをとりだして調べてくれました。そして、

「とってつけたような話なんですけど……」

と不動産屋のご主人が、２日前に入った情報だというファックスを見せてくれたのです。

それはまさに私の条件にぴったりでした。駅から2分、１００坪、更地、しかも三方が道路。巣鴨駅からすぐ近くの土地でした。ここに自分の拠点ができれば、成田空港まで1時間弱。60歳になったら、世界じゅうを舞台に仕事をするという年来の夢がぐんと近づきます。すぐに見に行き、ここを購入したいと思いました。

しかしやはりここは条件のいい土地だったのでしょう、考えられないほどの障害が待っていました。

ヤッター。念願の「ペット可」マンション。

銀行にお金を借りるに際しても、女社長の場合にはご主人の了承が必要だと言われ、男の社長だったら奥さんのＯＫなどいらないくせにと悔しがったり、乗り越えなければならない困難がありました。

しかし、私は、いつものように「魔法の言葉」を唱えつづけました。

「この土地を手に入れることで私の未来が開かれるのでしたら、どうぞ私に与えてください」

何度も何度も紙に書き、口に出して唱えつづけました。

そうして結果的にはこの土地を購入し、ビルを建設することができたのです。２００５年3月、巣鴨に新しい自社ビルをオープンする運びとなったのです。

「55歳になったら、リボンのかからない大きなプレゼントを手に入れる」

そう思いつづけてから3年後、ようやく私は、〝リボンのかからない大きなプレゼント〟を手に入れたのです。

このビルは、1階をセミナーハウス、その上の4フロアー30部屋を賃貸ルームにしました。

もちろんその家賃収入をローン返済に充《あ》てるのですが、その賃貸条件に、私の希望を何よりも優先させてもらいました。それは、念願の「ペット可マンション」と明示したのです。

いま猫たちはひどい住宅難なのです。

事情があってマンションを追い出され、猫を飼えなくなったと駆けこんできた人、近所の苦情で泣く泣く猫を手放したいという人、転勤のためマンションから外に出たことのない猫をどうにかしてほしいという人……大変なのです。

ペットのトラブルが起きるのでまずいという意見も出ましたが、やはり私がお世話になったコゾへの感謝と、現在のネコハウスを一貫させ、このビルもその延長上にあるものにしたい……それは、これから先の「動物と共存できる人間社会」にもつながるだろうという私の願いと合致しました。

そうだったのか、これが「リボンのかからない大きなプレゼント」の正体だったのかと、私は大満足しているのです。

結果はどうでもいい……天上貯金

ボランティアとは、自分が自己満足で、勝手に「やってあげたい」と思ってやるものです。

他人の目を意識して何かをしても、それはもうボランティアとは言いません。ネコハウスの場合もそうでした。

猫から何かお返しをもらおうと期待したのではありません。自然な気持ちから、私は勝手に行動したのです。犬や猫に親切にしてあげたからといって、猫が何かお返しをくれるわけではありません。

猫のお返し能力を期待してのことではないのですが、実は猫にすごい能力があることは、ずーっと前から私は気がついていました。猫はかわいがってくれる人にはいい顔をするのですが、猫が嫌いな人のそばには決して近寄りません。そこには何か、意思や心が、明らかに通っています。

猫たちは、将来何かはわからないけれど、お金では買えない大きな「プレゼント」をくれることになるかもしれない……私にはそういう気持ちが、ほとんど確信となっているのです。私はそれを、「天に貯金」している……「天上貯金」なんだと思うようになりました。

なにかよいことをしても、その場で見返りがなくてもいい……。

たとえば誰も見ていないところで何かよいことをして、ああ、よいことをした……これで天に貯金をしたと考えると、なぜか心からウキウキするのです。

そして、いつか、現実の貯金よりもはるかに高い利息つきで、将来よいことがドサッとときてくれるような気がする……これが私の「天上貯金」の秘密なのです。もちろん動物ばかりではありません。私の行為の一つ一つは、全部天に貯金されると思います。プラスもマイナスも、よいことも悪行も、全部です。

よく人から、

「そんなに猫を飼ってどうするつもり？」

「エサ代もかかるのに、何のメリットがあるの？」

と聞かれることがあります。

私は、猫から癒しをもらうだけで、見返り不要の心で接していますから、そういう問いにはいつも、

「天に貯金しているんです」

と言ってきました。

これが、「潜在意識」や「共時性」に〝お任せ〟する醍醐味《だいごみ》なのです。

これからどう展開するのか、何が、いつ、どうなるのか……そのプロセスはまったくわかりません。ワクワクして待っていることができる……この楽しい待ちの気持ちが、ラッキーな共時性を私の手許に引き寄せるのです。

ありがとう、フン族さん

大きな夢をイメージします。

でも、実現できるかどうかは二の次でいいのです。

まったく荒唐無稽《こうとうむけい》に聞こえるかもしれない「とんでもない夢」を、私はよく講演会や人と会った時に、ぺらぺら話してしまいます。聞いている人たちが、「フンフン」と鼻で笑うようなことでも。

「そんな大風呂敷広げたって、できっこないじゃないの……」

でも、いいの。私はまったく平気になりました。

こういう「フンフン」と鼻で笑う人たちを私は「フン族」と名付けました。初めはショックでしたが、私の夢が大きくなればなるほどフン族が増えるということを発見できたからです。鼻で笑う人が多ければ多いほど、実はしめたもの。

そんな大きい夢は、通常なら思い浮かばないことだから。自分の財布を開けて手に入るような程度の夢、たとえば、

「シャネルのバッグが欲しい。それが私の夢なの」

と言ったとしても、誰も鼻で笑ったりしませんよね。それは、すぐにでも実現可能に見え

るからです。だから、人に笑われないような夢は大した夢ではない……そう思うようになりました。鼻で笑っちゃうような「フン族」がいればいるほど、私は、「自分の夢は大きいのだ」と確信を持つようになりました。

だから人に笑われたとしても、めげることはないのです。前進のエネルギーにするのです。

「そうだね、やっぱり無理だよね」

と安値で安定しないこと。通俗に流されないこと……それが私の中に重みを増してきました。

たとえ荒唐無稽であっても、その夢こそ本物の夢かもしれません。だから、もっと〝高嶺《たかね》の花〟を望んでいいのです。

笑われても、思いつづけていれば、だんだんそれが近づいてきます。他人は、あまり関係がないのです。自分の夢に対しては、真剣に願えるのは、結局自分しかいないのですから。

私が、巣鴨に自社ビルを建てると口に出して言ったら、周りの８割の人が「フン族」になっていたでしょう。私は酒井先生以外は誰にも言わず、オープン直前の年賀状に、

「酒井先生と潜在意識のおかげで東京にビルを建築しました」

と挨拶しただけでした。サプライズが欲しかったのです。

そんな〝サプライズ〟を演出するのも、楽しみの一つなのです。フン族の皆さん、いつも

エネルギーを下さってありがとうございます。

祈りの強さ

つまるところは、

「祈りの強さ、想念の強さなんだな」

と私は思うようになりました。

この力は、すごいパワーを秘めているのです。

いい例が、病気の場合でした。

つい先日のことですが、仲間の一人が、あと2カ月でお終いらしいという連絡がありました。かかりつけの医者から末期ガンと宣告され、手の打ちようがないというのです。30人ほどのグループ全員が、その方のために祈りました。その方が元気になってハイキングしているイメージ、晴れやかな顔で屋外を歩いているイメージ……みんなで念じました。そうしたら2カ月ほどで元気になって退院し、仕事に戻ったというのです。

もちろん本人や関係者は、薬を飲んだり飲ませたり、通院したりさせたり、あらゆる手段で回復の努力をなさったと思います。だけど私にとっては、そういう心の潜在意識の深いところを活用してみんなで応援してあげたということがとても大事なポイントなのです。

祈りが奇跡を起こす……。

こんなことはあと50年か１００年もしたら、理論的にバタバタとわかる日がくるでしょう。だから、理屈や因果関係はわからなくてもいい……この自然をつかさどっている大いなる力を、みんなが利用すればいいのです。かつて原始時代のころに宗教が持っていた力が、もう一度認識される時代がやってくるような気がします。

そういう意味では、もっとオープンな「潜在意識の研究会」みたいなものができればいいなと切実に思います。広く公開されて、自由に参加して自由に議論できるような集まり。研究者オンリーではなくて、潜在意識のこういう機能を一般の人がいち早くわかるような場を作りたいのです。それが、私たちの一つの恩返しですから。

そういう空気が生まれれば、みんなが早く変われるでしょう。

女だって翔べるわよ

仕事を始めて5年ぐらいたった時でしょうか、北海道の上田妙子さんという方のところへビジネスの応援に行きました。帯広空港までは上田さんが、赤いミニカーでお迎えに来て下さいました。

彼女は術後間もないころで体調がすぐれず、大変だったそうですが、根っからの明るい彼女はそんなことはおくびにも出さず、笑顔で私達に帯広の素晴らしさを話して下さいました。

上田さんの住んでいる古めかしい自衛隊の官舎に行くと、彼女を含め６人のガン患者の方がイスに座って私達を待っていました。

初めは栄養の話、商品のすばらしさについて話し、次いでビジネスについていろいろ私の知っていることをしっかりとしゃべったつもりでしたが、体調も悪かったのでしょう、相づち一つもらうことなく、しらーっとした空気が漂っていました。

私はせっかく北海道の地まで来て、自分の力のなさに不安になりました。

ひと呼吸置かないと負けそうです。お手洗いを借りました。すると、どうでしょう、お手洗いの入り口にチョウチョウをあしらった手作りのすてきな刺繍《ししゅう》の暖簾《のれん》がかかっていました。

それは見事な出来栄えです。こんなすてきな暖簾を作るいい方を、病で悩ませてはいけない
……お子さんのためにも……。

そう思ったのと同時に私は部屋に戻り、それまでの話はすっかり止め、

「上田さん、女だって翔べるわよ！」

と言ってしまったのです。

いま病に侵されているかもしれないけど、それは仮の姿、どんな姿をしていようと構わない。「一緒に翔びましょう！」

そんな風に言ってしまったのです。いえ、あれは誰かの力で言わされたのでした。

その時、上田さんは、

「なんてバカなことを言うんだ……こんな体で、どう翔ぶんだ？」

と思ったそうです。

しかし潜在意識がその次の日から、上田さんを動かしました。日本中の知り合いに電話をかけまくったそうです。そしてその後、ご一緒だった宮沢さんも元気になって生き生きと活動なさっています。今はすごい成績を上げているお二人さんです。

女性は、磨かれていないダイヤモンド

ダイヤモンドは磨かなくとも光を発します。

しかし磨けば磨くほど、すごい輝きを放つことも事実です。

これまで女性が成功するチャンスや場は、男性のそれに比べとても少なかった。

でも、これからは違います。

女性は自由気ままに行きたいところへ、いつでも、どこへでも行くことができます。カモメのジョナサンがチャレンジしたように、日々自由に、空に舞い上がることができるのです。

私はこの仕事を本格的にやろうとしたとき、自分の周りに自分を含め、月収１００万円を

得る仲間をいっぱい作ろうと決めていました。そして今、おかげさまで400人を超える仲間がその収入をいただくようになりました。心に思いつづけると、願いはかなうのです。

人生お金がすべてではありませんが、私がそうであったように夢の80%はお金が解決してくれることが多いのです。ですから夢の実現には、道具の一つとして収入が必要なのです。

振り返ってみればこの道具としてのお金が、女性を縛りつける枷《かせ》でした。

この枷も、いまや解き放たれています。だからみなさん、翔びましょう。自分を解放して伸びやかに翔びましょう。

私の大好きな中国のことわざに、

「燕雀《えんじゃく》いずくんぞ鴻鵠《こうこく》の志を知らんや」

というのがあります。

ツバメやスズメなどの小さな鳥には大きな鳥の心がわかるはずがない、というほどの意味です。地上の低いところで、いつまでもピーピーさえずっていないで大空を高く飛翔してみると、大きな気持ちが湧いてきて、優雅な喜びが生まれてくるというのです。本当にそうだと思います。一生に一回きりのこの人生を、潜在意識を使って、悔いのない生活を送ってみませんか。

女性が自分で自分を磨けば、ものすごい可能性を秘めています。磨けば、必ずすごい光を放ちます。ダイヤモンドは、たとえ暗いところであっても光を放つ稀有《けう》な存在です。女性はダイヤモンドと同じです。私は一人の女性としてそう信じています。

今やその時代が近づいています。

何物にも束縛されない女性たちが、生き生きと光を放つ瞬間が近づいています。女性たちが、自らの本性で自らを解放し、この社会やこの空間で、伸びやかに活動する姿を眺めたいのです。その時、本当の嬉しさがこの世を満たすのです。

世界に翔ぶ

私は、今ではいろいろなところでスピーチする機会をいただくようになりました。

しかし40歳までは人前でしゃべれるような人間ではありませんでした。家で猫たちを前に並べスピーチの練習を繰り返しました。何度も何度も繰り返し、その思いが自分の「潜在意識」に入ったころ、やっと上手にスピーチできるようになりました。そんな風にしてスピーチを依頼されるようになったのです。

私の言いたいことを突き詰めれば、

「潜在意識にお任せして、そこに自分の願いを植えつければ、願いはかなうのよ」

ということです。

私はだんだん、自分の体験を語ることが自分の役目だと感じるようになりました。そんなプロセスを経てくると、この思いを、仲間内だけではなく世界じゅうの人に発信したいと感じはじめているのです。

こんなすばらしい方法を、

「ねえ、あなたもやってごらんなさいよ」

と、訴えたいのです。

貧しかった少女のころ、18歳のころ、27歳のころ……それぞれの時代に見た夢は飛び去っていきました。誰にでも、ある地点まで登ってこなければ見ることのできない景色というものがあるのでしょうが、私は今、ずいぶん高みへと飛翔してきたことに気づかされます。ずいぶん遠いところまで来たものだと、喜びと驚きで、ちょっと戸惑っているのです。

しかし一度きりの人生です。後戻りはできません。前に進むしかありません。年齢が上がるにしたがって、自分の夢がどんどん修正されることを、他人事のようにおもしろがっているのです。

たまたま私の仕事は109カ国に広がっています。これらの国を訪ね、成功したいと願っている人たちに、

「潜在意識を使って夢をかなえましょう」

ということを、声を大きくして伝えたいのです。

そして同時に、仕事以外の多くの人にも、このメッセージをしっかりと伝えたいのです。

英語を学ぶ

今、私の目の前には広大な景色が広がっています。

今後の夢の一つは、「65歳からの語学留学スタート」です。

世界じゅうどこへ行っても、私のメッセージを目の前の相手に伝えることができるようになりたいからです。右手には仕事があり、左手には潜在意識があります。この広い世界には私を待っている人がいるに違いありません。もちろん、通訳なし、自分の言葉、自分の言語で、です。

数年前に、ギリシア・トルコの旅に出た時のことです。

出会ったトルコの若者が、私に問いかけてきました。

「あなたには、マネージャークラスの人が25人いるそうですが、どうしたらあなたみたいに成功することができますか？」

私が、

「どうして成功したいの？」

と聞くと、

「僕がお金持ちになれば、僕の家族や親戚が幸せになれるから」

との返事でした。

まじめな態度の若者を見て、私はもっといろんなことを教えてあげたかったのですが、その場に通訳の人はもちろんいない。カタコトの英語しかしゃべれないので、言いたいことがうまく表現できませんでした。こんなに真剣に「成功したい」と強く願っている若者に、何も教えてあげられなかったことが残念で、ショックを受けて帰ってきました。いま思い返しても涙が出ます。

あの時の悔しさ、あの時の無力感を、晴らしたいのです。

ダイアナ・ロスという黒人女性アーティストは、ある時、記者に、

「あなたの10本の指に輝いている指輪を一つ売って、あなたがかつて住んでいたスラム街の子供たちに寄付したらどうですか」

と言われて、こう答えたそうです。

「私はそんなことはしません。ダイヤの指輪を一つ売ったほどのお金で、何人の人が幸せになれるでしょうか。それよりも私は、スラム街に住んでいた少女でもこんなに成功できるのですよということを、世界じゅうの人々に示したいのです。そして、成功したければ誰でも

成功できるのだという希望を与えたいのです」

私も、まったく同感です。

物やお金をプレゼントするよりも、私から、私が得たノウハウを学び取ってほしい……それが私の本当の気持ちです。

貧しい人には、お金ではなく、お金を得る方法を伝えたい……。

何をしたらいいのか迷っている人には、私が学んだ方法から、何かをつかんでほしい……。

それが私の役目だと思うからです。そうして、世界じゅうの人々が、一人一人自らの力で輝いてほしいのです。

私は、60歳からは世界を飛び回って仕事をすると決めています。

埼玉県坂戸の自宅から成田空港へ行くには、たっぷり時間がかかります。だから中間地点の便利な場所に自社ビルを建てました。

同様に、私が海外に長くいても「ネコハウス」の猫たちが困らないように、あらかじめ60歳までには「総合ペットランド」の施設を実現させておきたいと計画を立てました。

そうやって、いつも未来を夢見て計画を立てるのが、私の喜びなのです。

だから、数えてみると、今の私の夢は283個にも膨れ上がりました。どんどん出てきてしまったのです。60歳になったらこうなりたいという夢から逆算すると、そのためには、いま何をしなければならないかが見えてきます。それが見えていなければ、働いたって、いくら稼いだって目標が定まりません。そうなら、やりがいも達成感も生まれません。

そんな人生はつまらない。

夢を描けば、アンテナが出てきます。

アンテナがなければ、ラッキーな偶然に出会っても、気づかずに通り過ぎてしまうでしょう。

それでは人生がもったいない！

人生は、自分の思い描いたとおりになるのですから。

念じつづければ、願いはかなう

この本を読んでくださった方が、私のこれまで体験した「潜在意識」の力や、「共時性」のエピソードをごらんになって、「おもしろそうな話ね」とか、「そういえば、こんなこと私も経験がある」と思ってくださったら、とても嬉しいと思います。

私はこの方法で思いもかけないような楽しい人生をつかみました。私の夢はまだ発展途上ですが、このノウハウを私と親しい同業者だけではなく、病んでいる人にも、つらい思いでいる人にも、何か新しい人生を送りたいと思っている人にもお伝えしたい……それが最大の夢となりました。

「自分の思いが、自分の未来を決める」……そのことを胸に刻んで、いつも生き生きと過ごしてほしいのです。

もう一度繰り返します。

ちょっと考えてみてくださいね。

「念じつづければ、願いはかなう」

２００５年４月
新装なった東京巣鴨「ＫＩＹＯＭＩ55ビル」にて

藤川　清美

《解説》

シンクロニシティの世界……………………酒井　満

私が、シンクロニシティに出会ったのは、もう18年前になります。『ユングと共時性（シンクロニシティ）』（イラ・プロゴフ著／河合隼雄・河合幹雄訳 創元社）。朝刊の広告を見て、何かしらを感じて、その日のうちに新宿の紀伊國屋書店まで、一時間以上もかけて買いに行きました。私にはかなり難解な内容でしたが、衝撃を受けました。今までの人生の謎が解けたようなそんな不思議な感覚を得ました。

それ以上に私にとって意味深いことは、『ユングと共時性（シンクロニシティ）』という本に出会って、そこに書いてあることをそのまま実践することにより、仕事で行き詰っていた状況から脱却できたことです。

私には難しいことはわからないし、そんなことはどうでもいいことなのですが、ただ、直感を信じ、そのとおりやってみて、または過去の経験に照らし合わせてなるほどなと思えればそれでいいのです。

本のなかに書かれている次の文章‥

「ユングは、原子という要素単位を破壊することによって巨大なエネルギー量が解き放たれるのならば、もし、それに匹敵する方法によって心の深層を裂くことが可能ならば、等価のエネルギー量がもたらされるかもしれないと考えついた」

また、ユングの以下の言葉…

「人は、その人が知ることができない何かを知ることの可能性を疑うこともするし、また、それが可能であり、奇跡は起こるであろうと希望することもある。いずれにせよ、不可能と思われる課題に直面した当人は、元型的状況に立たされたことに気づく。そして、それは、しばしば神話や妖精物語のなかで起こり、そこでは、神性な仲介、すなわち奇跡が唯一の解決を与えるのである」

これらを読んで感動するかどうかは、その人のものの考え方だと思います。

因果的にはつながっていない二つ以上のできごとが同時に次々と起こり、心の中にあるものと現実の世界で一致していく不思議。これがシンクロニシティの現象で、体験してはじめて理解できる世界です。

いかなる本、人あるいは現象に出会おうとも、それはその本や人あるいは現象との接触を通じて己の魂を覗《のぞ》き込むものだと思います。その魂の不思議さこそ人を畏敬させ、驚愕させるのだと思います。

ここで、私の「シンクロニシティ」の体験談を一つお話します。

1985年の3月、「ユングと共時性（シンクロニシティ）」に出会う2年前のできごとですが、忘れられない強烈な印象を持った体験です。

ある理由で月内にどうしても90万円のお金が必要となりました。そのころはFLPジャパンの仕事についたばかりで、金策を考える余裕はない状態でした。90万円のメドがまったくたたないまま、月の半ばを過ぎましたがどうしていいかわからない状態でした。でも、そのお金はどうしても必要だったのです。

あと10日。あと10日しかない。内心あせりましたが自分の力ではどうすることもできません。当時、私は問題があるといつも日向ぼっこをしていたのですが、その日も庭で、お気に入りのビーチチェアを広げて、日向ぼっこをしていました。ふと、そばに植わっている植木の葉に視線がいきました。突然、かなり以前に読んだ新聞記事の一部が浮かびました。

「みなさん、植物の葉はみな緑色をしていますね。なぜでしょう。それは、植物の葉には緑色をした葉緑体があるからです。葉緑体で光の粒子をつかまえて、植物は光合成をして、自分の体を作っているのです。でも、秒速30万キロもの光の粒をどうしてどんな方法でつかまえるかわかりますか？　それは、植物はピコ秒の世界にいるからです。ピコ秒は1兆分の1秒のことです。その世界では、光すらゆっくり飛んでいるのです。ですから、簡単に捕《と》らえることができるのです。……」

「そうだ！　ピコ秒だ！」と私は、電撃的に跳ね起きました。あと10日、あと10日しかないではない！　ピコ秒だ。ピコ秒の世界に入れば、無限の時間だ。時間が無限であれば、何が起きても不思議ではない。そうだ！　90万円は手に入る。と全身で受け止めました（これは、まさに藤川さんのいう〝ストン！〟でしょう）。

それから2、3日たった日曜日。いつもの通り庭先で日向ぼっこをしていると、近所にいる友人がふらっと遊びにきました。同じ仕事をしている仲間です。あれ？　と私は思いました。彼は1カ月も前から、この日曜日には茨城の結城《ゆうき》に行ってくるとなぜか執拗《しつよう》に私に言っていたからです。

「向こうの都合で、行くのやめました」と言う彼を庭先から部屋にあげ、二人で仕事のことなどを話しこみました。

2時間ほど過ぎたあと、帰り際に、

「あ、酒井さん。例のゴルフ会員権持ってなかった？」

そう、何年か前にゴルフもしないのに付き合いで買ったゴルフ会員権。詐欺まがいで会員を増やし、その結果、紙くず同然になったゴルフ会員権のことでした。

「あ、持ってるよ」と私。

「なんか、今売れるそうですよ」と友人。

「へ〜。そう」と私。

しばらく間を置いて彼は念を押すように、

「なんか、90万円で売れるとか言ってましたよ」

「ホント？　じゃ、売れたらお前に手数料払うよ」とからかい半分に私。

「そうですか？」と友人は答えながら帰っていきました。


友人の姿が見えなくなって何分たったろうか。

「え？　90万円？　確か90万円って言ったな。まさか！　なんであの会員権が。でも、ホントかな。でも、どこにしまったかな」とにかく、私は、探しました。

探すといっても昔使っていた押入れの奥にあるはずの金庫。金庫はありましたが、8桁の暗証番号は？　何か未来を予期していたかのように語呂《ごろ》合わせで覚えていたのです（2号さんが極道したあげくいろんなことがあったけど死んじゃった⇩2559166 1)。中で叫びました。

金庫が開いて、手を中に入れたとき、指先に一枚の紙切れが触れた。「あった」と私は心の中で叫びました。

すぐに、友人のところに電話しましたが、なぜか連絡がつかず、私なりに会員権を取り扱っている会社を電話帳で調べ、会員権を手にしながら、まさかまさかと思いながら電話をしてみました。

「売買できますよ」と相手。

「そうですか。知り合いが90万円と言ってましたが、それで売れるんですか?」と私。

「90万円で売買できますよ」と相手。

「今日でも売れますか? 会員証と印鑑証明と実印を用意すればいいんですね? これから、行きます」と私。

受話器を下ろした後、私は体の震えがしばらく止まりませんでした。

「90万円が手に入る。90万円が手に入る。しかし、こんな奇跡があっていいのだろうか……」

その日のうちに私は、90万円の現金を手にしました。また、その日のうちにその友人と会い、「ありがとう。ホントに90万円で売れたよ」と私。

「え？　ホントですか。どこで売れたか紹介してください。僕も何枚か預かっていますから」と彼。

1週間後、その友人に会った時、

「酒井さん、運がいいですねー。僕も今日、同じ会社に行ってきましたが、売買停止って言われましたよ。酒井さん、運が良かったですね」と何枚かの会員権を見せながら驚いた様子でした。たった1週間で何が起こったのだ？「シンクロニシティ」の不思議に、あらためて唖然としました。

信じられるでしょうか。こういう現象が起きるのは、不可能と思われる課題に直面したときのその個人の心の状態と関係があると思われます。私の場合は、ちょうどそのころ仕事で壁にぶちあたり、どうしていいかにっちもさっちも行かない状況のときでした。潜在意識について仲間に話し、その力を活用して乗り切ろうと思いましたが、皆を説得するには、私も仕事仲間も納得するような考えられない奇跡が起きなければならない。まさに、ユングのいう元型的状況に立たされていたのでしょう。そして、私の場合、それまでの潜在意識の体験からくる期待・希望の強さがそういう〝奇跡〟となって現れたのです。

実際、この決定的な体験を得て、その翌々月から仕事仲間と共に「潜在意識とその実践方法」というテーマを、私が主催する勉強会で集中的に学び始めました。その影響もあったのでしょう、10年後に、私のグループはアロエベラジュースを普及する世界最大の組織となりました。

因果的にはつながっていない二つ以上のできごとが同時に次々と起こり、心の中にあるものと現実の世界で一致していく世界。

上記の私の体験では、

①以前読んだ新聞記事が突如頭に浮かんだこと、

②訪問するはずのない友人の突然の訪問、

③帰り際の友人の何気ないヒント、

④金庫の暗証番号の語呂合わせ、

⑤求めていた90万円と同じ90万円が手に入ったこと、

⑥1週間後に売買停止、

という6つは因果的にはつながっていないできごとです。しかし、それら関連のないできごとが次々と起こり、しかもそれらは意味深く関係しあっている。それは、あたかも、宇宙に存在する無関係な星同士が織りなす星座のようなものです。ユングが触れている布置《ふち》（コンステレーション＝星座）とは、このような性格を指していると思います。そして、それらのできごとの時間・空間を超えたつながりにより、私の心の中にあった問題に奇跡的な解決が与えられたのです。

「シンクロニシティ」を理解して生きるかどうかは、スクリーンで映画を見るのに、ふつうの平面の映像で見るか、立体の映像で見るかほどの違いがあるように思われます。もし自分にそういう体験が感じられなくなったら、どれほど成功しようと、どれほど収入を得ようと、ヒトとして生きている意味はないと思います。それほど「シンクロニシティ」は呼吸のように身近に感じられますし、生きていることを実感させてくれます。また、「シンクロニシティ」の体験は、われわれは宇宙において孤独ではないということを理解させ、夢を持つ勇気も与えてくれます。


さて、藤川さんについて少しお話します。

藤川さんとの出会いは彼女が26歳のころ、「フランス人形のような可愛い人が遊びにくるから、見てみない？」という家内の紹介で出会いました。変わった女性で、私の本箱から潜在意識に関する本を借りていくようになりました。縁があって私が趣味でやっていたヨガに興味を持ち、それを私が教えたことから、彼女は私を先生と呼ぶことになりました。

1985年、彼女もFLPジャパンに参加しました。第1章で彼女が述べているような彼女の生い立ちから培《つちか》われたチャレンジ精神に火がついたのでしょう。その後、潜在意識の実践を学び、さらにシンクロニシティの世界を知ったことにより、私と同じように自らの可能性に目覚めたと思われます。

一粒の朝顔の種が、大地に蒔《ま》かれた時、必要な温度、水分、養分、さらに大気の炭酸ガス、遠く太陽からの光の粒子までも自分のものにして、ついには見事な花を開かせます。同じように、藤川さんも自分の思い・願いを、周りの環境を巻き込みながら、次々に実現させていきます。まさにシンクロニシティ真っ只中という感じです。

この3月に、彼女のビルが巣鴨の駅前にできました。３００人を超える人たちがお祝いにかけつけました。彼女のお陰で、私は生まれて初めて祝宴の席でテープカットをさせてもらいました。自分のことのように喜びを感じた一瞬でした。

遠い昔「コゾ」を抱きしめていた女の子が、今、こうなったんだ！


夢を持とう。

この世は、努力でも、勤勉でも、学歴でも、人脈でもないのだ。

この世は、夢を持ったとき、夢を持ちつづけたとき、その夢を実現させるためにいろんな働きかけをしてくれる、そんな「シンクロニシティックな世界」なのだ。

夢を持とう。

諦めないで、夢を持ちつづけよう！


（さかい・みつる　ＦＬＰジャパンマネージャー）

藤川清美（ふじかわ　きよみ）
1949年埼玉県川越市に生まれる。県立川越女子高校を経て、玉川大学（通信教育課程）に学ぶ。1男2女をもつ主婦。猫55匹、犬2匹の生活を楽しみながら、(有)「アロエベラキヨミ」を設立しＦＬＰ活動に従事。潜在意識と共時性を学び、その実践から億を超す収入を得る。このノウハウを全世界に広げようとチャレンジしている。「潜在意識相談室」主宰。

ストン！　あなたの願《ねが》いがかなう瞬間《とき》

初刷　二〇〇五年四月二十五日
七刷　二〇一七年二月　十　日

著者　藤《ふじ》川《かわ》清《きよ》美《み》

発行人　山平松生

発行所　株式会社　風雲舎

〒162―0805　東京都新宿区矢来町122　矢来第二ビル
電話　〇三―三二六九―一五一五（代）
ＦＡＸ　〇三―三二六九―一六〇六
振替　〇〇一六〇―一―七二七七六
URL　http://www.fuun-sha.co.jp/
E-mail　mail@fuun-sha.co.jp

印刷　真生印刷株式会社

製本　株式会社　難波製本

落丁・乱丁本はお取り替えいたします。（検印廃止）

ISBN4-938939-36-3